【小学国学经典教育读本】

笠翁对韵

顾问 于永正 江庆柏

主编 黄甫林

南方日报出版社
NANFANG DAILY PRESS
中国·广州

原　著 （清）李渔

本册主编 周益民 房元品

副 主 编 王秀萍 胡红 姚金中

第一次修订

全彩全解

图书在版编目（CIP）数据

笠翁对韵 / 黄甫林主编. — 广州 ：南方日报出版社，2012. 3

（小学国学经典教育读本）

ISBN 978 - 7 - 5491 - 0522 - 9

Ⅰ. ①笠… Ⅱ. ①黄… Ⅲ. ①诗词格律—中国—启蒙读物 Ⅳ. ①H194. 1②I207. 21

中国版本图书馆 CIP 数据核字(2012)第 031978 号

小学国学经典教育读本：笠翁对韵　　主编：黄甫林

出版发行：南方日报出版社

地　　址：广州市广州大道中 289 号

电　　话：020 - 83000502

经　　销：全国新华书店

印　　刷：安徽宣城海峰印刷包装有限公司

开　　本：787mm×1092mm　1/16

印　　张：8

字　　数：100 千字

版　　次：2012 年 3 月第 1 版

印　　次：2016 年 1 月第 5 次印刷

定　　价：14. 80 元

投稿热线：(020)83000503　读者热线：(020)83000502

网址：http://www.nfdailypress.com/

发现印装质量问题，影响阅读，请与承印厂联系调换。

伴你读——《笠翁对韵》

亲爱的同学，当你读到古代诗词的时候，一定会感慨古人的文学水平相当高，也一定很想知道古人小时候是如何练习吟诗作对的。这本《笠翁对韵》就是古时儿童学习诗文声律和对仗的经典启蒙读物，在当时流传很广，影响很大。

《笠翁对韵》的作者，相传是明末清初的文学家、戏曲家李渔。李渔，字笠鸿、谪凡，初名仙侣，江苏如皋人，祖籍浙江兰溪。书名中的“笠翁”二字，是李渔的别号。书名中的“对韵”二字，则是由于本书采用了大量精彩例句介绍对仗技巧和声韵知识。本书是李渔仿照清朝学者车万育的《声律启蒙》编写的，但影响同样很大。

由于《笠翁对韵》里的例句都是格律诗，按照规定，格律诗要押平声韵，李渔就精选出了三十个平声韵，并分为上下两卷，每卷含十五个韵。对仗字数也非常灵活，有单字对（如“天对地，雨对风”）、双字对（如“燕语对莺啼”）、三字对（如“垂钓客，荷锄翁”）、五字对（如“密云千里合，新月一钩弯”）、十一字对（如“管鲍相知，能交忘形胶漆友；蔺廉有隙，终为刎颈死生交”）等，声韵协调，朗朗上口。

除形式外，本书的内容值得我们认真学习。首先，全书涵盖天文、地理、花木、鸟兽、人物、器物等多方面知识，有利于学生积累词汇，丰富知识；其次，本书可以让学生在潜移默化中学到大量的声律知识，如果把这些知识运用到作文中，就会使语言节奏明快，充满韵味，读起来充满乐感；第三，大量的对仗中，饱含了明喻、暗喻、夸张、拟人、对偶、排比等多种修辞手法，学生在不知不觉中了解和学习了这些修辞手法，对于语文素养的提升，具有良好的促进作用；第四，由于全书看起来像对对子游戏指导书，对于增强学习的趣味性具有很大作用，同时，由于很强的可操作性，可以让学生锻炼思维，提高对语言的感悟能力；最后，由于涵盖了大量的经典诗词、历史故事、神话传说等内容，对于学生了解我国悠久的历史，感受中华的灿烂文化，具有重要作用。

本书呈现的《笠翁对韵》，是经过专家鉴定过的权威版本，并由二十几位特级教师根据小学生的心理特点和知识基础打造。为了便于大家更好地阅读这本古代经典启蒙教材，我们设计了"经典原文"+"经典注释"+"经典故事"+"经典拓展"+"国学点睛"编写体例。

"经典原文"：由高校古典文献教授确定最权威版本，并由特级教师根据三十个韵部设计成三十个课时。

"经典注释"：由大学教授和特级教师共同注释，确保针对性和权威性。注释尽可能详尽，如"剪桐圭"的注释是："圭，古代帝王诸侯举行典礼时所用的玉器。周朝时，周成王剪桐叶成圭形，封弟弟康叔。"

"经典故事"：为了让学生更好地感受、理解"经典原文"，我们在每篇"经典原文"中都配有一则"经典故事"。"经典故事"呈现与"经典原文"有关的历史故事、神话传说、典故轶闻、成语故事、寓言故事、俗语、古谚等，注重语言的生动、简洁、规范，适合相应年段学生阅读。如在上卷"八齐"里有"按辔徐行，细柳功成劳王敬"，就呈现了《周亚夫治军细柳营》的故事，生动地说明原文中的内容。

"经典拓展"：为了使学生更好地理解、运用"经典原文"，由特级教师根据最新课标精神，结合"经典原文"，进行适当拓展，注重拓展的趣味性和可操作性。根据本书的特点，我们在拓展里特别设计了对句"连一连"，以及编选了大量著名对联和相关故事，并精选相应韵脚的经典古诗，让孩子充分感受祖国语言文字的美。

"国学点睛"：本书首创"国学点睛"栏目。每篇"经典原文"最后，大都介绍一则国学常识给学生，全套书共呈现400则国学常识。如"人们常说的'合辙押韵'是什么意思"、"什么是词牌"、"词作为一种文体有哪些别称"……语言简洁，内容权威，极大地丰富了学生的国学知识，拓展了学生的视野，让国学变得可感可知可学，不再枯燥乏味。

国学经典，博大精深。希望小朋友认真学习国学经典，做一个胸怀祖国、放眼世界的中国人！

目录

上卷

下　卷

上卷

一东

经典原文

天对地，雨对风，大陆对长空。山花对海树，赤日对苍穹。雷隐隐，雾蒙蒙，日下对天中。风高秋月白，雨霁晚霞红。牛女二星河左右，参商两曜斗西东。十月塞边，飒飒寒霜惊戍旅；三冬江上，漫漫朔雪冷渔翁。

经典注释

海树：指大海里的珊瑚。 **霁**：雨雪停止，云雾散，天放晴。 **河**：指银河。 **参商**：参，参星，居西方；商，商星，也称为辰星，居东方。以参商比喻彼此隔绝，不能相见。 **两曜**：

这里指参星和商星。 **斗**：星宿名，二十八宿之一，也称“南斗”。 **戍旅**：以兵卒防守边疆。 **朔雪**：北方的雪。

经典原文

hé duì hàn lǜ duì hóng yǔ bó duì léi gōng
河对汉，绿对红，雨伯对雷公。
yān lóu duì xuě dòng yuè diàn duì tiān gōng yún ài dài
烟楼对雪洞，月殿对天宫。云叆叇，
rì tóng méng là jī duì yú péng guò tiān xīng sì jiàn
日曈曚，蜡屐对渔篷。过天星似箭，
tǔ pò yuè rú gōng yì lǚ kè féng méi zǐ yǔ chí
吐魄月如弓。驿旅客逢梅子雨，池
tíng rén yì ǒu huā fēng máo diàn cūn qián hào yuè zhuì
亭人挹藕花风。茅店村前，皓月坠
lín jī chàng yùn bǎn qiáo lù shàng qīng shuāng suǒ dào mǎ
林鸡唱韵；板桥路上，青霜锁道马
xíng zōng
行踪。

经典注释

叆叇：形容浓云蔽日。 **曈曚**：太阳初升，天色渐明。**蜡屐**：晋阮孚喜爱木屐，时常擦洗涂蜡。

经典原文

shān duì hǎi huà duì sōng sì yuè duì sān gōng gōng
山对海，华对嵩，四岳对三公。宫
huā duì jìn liǔ sài yàn duì jiāng lóng qīng shǔ diàn guǎng hán
花对禁柳，塞雁对江龙。清暑殿，广寒

gōng shí cuì duì tí hóng zhuāng zhōu mèng huà dié lǚ wàng
宫，拾翠对题红。庄周梦化蝶，吕望
zhào fēi xióng běi yǒu dāng fēng tíng xià shàn nán lián pù rì
兆飞熊。北牖当风停夏扇，南帘曝日
shěng dōng hōng hè wǔ lóu tóu yù dí nòng cán xiān zǐ yuè
省冬烘。鹤舞楼头，玉笛弄残仙子月；
fèng xiáng tái shàng zǐ xiāo chuī duàn měi rén fēng
凤翔台上，紫箫吹断美人风。

经典注释

华：华山。 嵩：嵩山。 四岳：传说是尧手下分掌四时、方岳（专门掌管一方政事的大臣）的官员。 三公：古代天子以下职位最高的三个官员。 吕望：姜太公。 牖：窗户。 清暑殿：古代宫殿名，在洛阳。 广寒宫：神话里称月亮中的宫殿为广寒宫。

经典链接

《笠翁对韵》：相传它是清朝戏曲理论家、作家李渔所作，是儿童学习诗文声律和对仗的启蒙读物。《笠翁对韵》以平水韵的三十个韵部为目进行编排。《笠翁对韵》的韵语中也夹杂着少许封建糟粕，然而瑕不掩瑜，编者对此进行了引导，努力把最好的营养奉献给学生。

经典故事

吹箫引凤

传说，春秋时期秦穆公有个女儿叫弄玉。弄玉聪明美丽，非常喜欢音乐。有天晚上，弄玉梦见一位吹着箫的英俊

少年，他正骑着彩凤从云中向她飞来。第二天，弄玉把梦中的情景告诉了父亲。秦穆公就派人找到了这个叫萧史的少年，并把弄玉许配给了他。一天夜里，萧史和弄玉正在吹奏乐曲，天空中突然飞来一群五彩凤凰，跟着音乐翩然起舞。后来，萧史和弄玉一起骑着凤凰，向天上飞去，从此再也没有回来。

经典拓展

1　对一对。

大陆对(　　　　)　　　　雨伯对(　　　　)

赤日对(　　　　)　　　　月殿对(　　　　)

2　填一填。

春回大地　　　　寒尽桃花嫩　　　　冬去山明水秀

福满____　　　　春归____新　　　　____鸟语花香

3　背一背。

暮江吟

［唐］白居易

一道残阳铺水中，半江瑟瑟半江红。
可怜九月初三夜，露似真珠月似弓。

国学点睛

人们常说的“合辙押韵”是什么意思？

在戏曲曲艺中常用到这个词，“合辙”与“押韵”含义基本相同，也就是说，只要韵腹相同或相近，韵尾相同，就可以归为一个韵或一个辙。

èr dōng
二 冬

经典原文

chén duì wǔ xià duì dōng xià xiǎng duì gāo chōng
晨对午，夏对冬，下饷对高舂。
qīng chūn duì bái zhòu gǔ bǎi duì cāng sōng chuí diào kè
青春对白昼，古柏对苍松。垂钓客，
hè chú wēng xiān hè duì shén lóng fèng guān zhū shǎn shuò
荷锄翁，仙鹤对神龙。凤冠珠闪烁，
chī dài yù líng lóng sān yuán jí dì cái qiān qǐng yì pǐn
螭带玉玲珑。三元及第才千顷，一品
dāng cháo lù wàn zhōng huā è lóu jiān xiān lǐ pán gēn tiáo
当朝禄万钟。花萼楼间，仙李盘根调
guó mài chén xiāng tíng pàn jiāo yáng shàn chǒng qǐ biān fēng
国脉；沉香亭畔，娇杨擅宠起边风。

经典注释

下饷：下午饭。这里指下午。饷，饭。　高舂：日影西斜接近黄昏的时候。　青春：既指春天，也指少年。　螭：中国古代传说中的动物，外形似龙而无角。　三元及第：指古代科举考试中，连续获得乡试、会试、殿试第一名。　仙李盘根：杜甫有诗句“仙李盘根大”，比喻唐朝宗室子孙繁衍。调国脉：治理国家。　娇杨：指杨贵妃。　起边风：指唐朝安禄山叛乱。

经典原文

qīng duì dàn bó duì nóng mù gǔ duì chén zhōng
清对淡，薄对浓，暮鼓对晨钟。
shān chá duì shí jú yān suǒ duì yún fēng jīn hàn dàn yù
山茶对石菊，烟锁对云封。金菡萏，玉
fú róng lǜ qǐ duì qīng fēng zǎo tāng xiān sù jiǔ wǎn shí
芙蓉，绿绮对青锋。早汤先宿酒，晚食
jì zhāo yōng táng kù jīn qián néng huà dié yán jīn bǎo jiàn
继朝饔。唐库金钱能化蝶，延津宝剑
huì chéng lóng wū xiá làng chuán yún yǔ huāng táng shén nǚ
会成龙。巫峡浪传，云雨荒唐神女
miào dài zōng yáo wàng ér sūn luó liè zhàng rén fēng
庙；岱宗遥望，儿孙罗列丈人峰。

经典注释

菡萏：荷花的别称。　**绿绮**：乐器名。　**青锋**：宝剑名。**早汤**：早上的醒酒汤。　**朝饔**：早饭。饔，做熟的饭。　**唐库金钱能化蝶**：据说唐朝时，国家宝库里的宝物曾在夜间化成蝴蝶。　**岱宗**：指五岳之首的泰山。　**丈人峰**：泰山西边的山峰。

经典原文

fán duì jiǎn dié duì chóng yì lǎn duì xīn yōng xiān
繁对简，叠对重，意懒对心慵。仙
wēng duì shì bàn dào fàn duì rú zōng huā zhuó zhuó cǎo róng
翁对释伴，道范对儒宗。花灼灼，草茸
róng làng dié duì kuáng fēng shù gān jūn zǐ zhú wǔ shù dà
茸，浪蝶对狂蜂。数竿君子竹，五树大

fū sōng gāo huáng miè xiàng píng sān jié yú dì chéng yáo jí
夫松。高皇灭项凭三杰，虞帝承尧殛
sì xiōng nèi yuàn jiā rén mǎn dì fēng guāng chóu bú jìn
四凶。内苑佳人，满地风光愁不尽；
biān guān guò kè lián tiān yān cǎo hàn wú qióng
边关过客，连天烟草憾无穷。

经典注释

释伴：指佛教徒。 **大夫松**：秦始皇登泰山时遇到暴风雨，曾在一棵树下避雨，后来封这棵树为“五大夫”。 **高皇**：指汉高祖刘邦。 **三杰**：指萧何、韩信、张良三人。 **殛**：杀死。 **四凶**：相传为尧舜时四个凶恶的部落首领。

经典故事

唐库金钱能化蝶

传说，唐朝皇帝唐穆宗，在宫殿前栽种了很多牡丹。

牡丹花开的时候，每到晚上，就会有许多黄色和白色的蝴蝶在花丛中飞来飞去，但天一亮就飞走了。宫女们好奇，就捕捉一些来玩。等到天明时，这些蝴蝶都变成了黄的金子和白的银子。原来，这些蝴蝶都是国库里的金银变成的。

经典拓展

1　对一对。

古柏对(　　　　)　　　　仙鹤对(　　　　)

山茶对(　　　　)　　　　青春对(　　　　)

2　连一连。

四海　　水面　　渔父　　武士　　狼狗

牧童　　三峡　　文豪　　湖心　　熊猫

3　读一读。

老地主改对联

相传，有这样一位老地主，他粗通文墨而又极喜附庸风雅。一天，他为母亲祝寿，便叫账房先生将常见的“天增日月人增寿，春满乾坤福满门”写出来贴在大门上。账房先生正写时，老地主忽然想起，这是为老母祝寿，应该改得切题才好。于是，让账房先生把上联改为：

天增日月妈增寿；

老地主看了很得意。不过，上联既然改了，下联也该相应改动才算工整。他又叫账房先生把下联改为：

春满乾坤爹满门。

账房先生听了，真有点哭笑不得，惊讶地问：“东家，这么改可不行呀！”老地主一本正经地说：“你懂什么！‘爹’对‘妈’不是十分工整吗？”

4　背一背。

忆住一师

［唐］李商隐

无事经年别远公，帝城钟晓忆西峰。

烟炉销尽寒灯晦，童子开门雪满松。

sān jiāng
三 江

经典原文

jī duì ǒu zhī duì shuāng dà hǎi duì cháng jiāng
奇对偶，只对双，大海对长江。
jīn pán duì yù zhǎn bǎo zhú duì yín gāng zhū qī jiàn
金盘对玉盏，宝烛对银釭。朱漆槛，
bì shā chuāng wǔ diào duì gē qiāng xīng hàn tuī mǎ wǔ
碧纱窗，舞调对歌腔。兴汉推马武，
jiàn xià zhù lóng páng sì shōu liè guó qún wáng fú sān zhù
谏夏著龙逄。四收列国群王伏，三筑
gāo chéng zhòng dí xiáng kuà fèng dēng tái xiāo sǎ xiān jī
高城众敌降。跨凤登台，潇洒仙姬
qín nòng yù zhǎn shé dāng dào yīng xióng tiān zǐ hàn
秦弄玉；斩蛇当道，英雄天子汉
liú bāng
刘邦。

经典注释

盏：酒杯。　**釭**：油灯。　**舞调**：跳舞时伴奏的音乐。**马武**：东汉将军马武，为光武帝建立东汉起了重要作用。**龙逄**：夏桀的大臣关龙逄，传说他见夏桀荒淫无道，便劝谏夏桀，结果被残暴的夏桀处死。　**四收列国**：北宋初年大将曹彬平定南唐、西蜀、南汉、北汉等割据势力，帮助宋太祖统一了天下。 **弄玉**：见故事《吹箫引凤》。

经典原文

yán duì mào xiàng duì páng bù niǎn duì tú gāng
颜对貌，像对庞，步辇对徒杠。
tíng zhēn duì gē zhú yì lǎn duì xīn xiáng dēng shǎn shǎn
停针对搁竺，意懒对心降。灯闪闪，
yuè chuáng chuáng lǎn pèi duì fēi xiāng liǔ dī chí jùn
月幢幢，揽辔对飞舡。柳堤驰骏
mǎ huā yuàn fèi cūn máng jiǔ liàng wēi tuó qióng xìng jiá
马，花院吠村尨。酒量微酡琼杏颊，
xiāng chén mò yìn yù lián shuāng shī xiě dān fēng hán nǚ
香尘没印玉莲雙。诗写丹枫，韩女
yōu huái liú yù shuǐ lèi tán bān zhú shùn fēi yí hàn jī
幽怀流御水；泪弹斑竹，舜妃遗憾积
yú jiāng
湡江。

经典注释

步辇：古代一种用人抬的像轿子一样的交通工具。 **徒杠**：可步行通过的木桥。 **停针**：放下针线。 **心降**：心里安稳、平和。 **舡**：船。 **尨**：多毛的狗。 **酡**：喝了酒脸红。 **玉莲**：古代比喻女人的脚。 **雙**：两只脚的意思。

经典故事

刘邦斩蛇当道

传说，汉高祖刘邦起初做亭长时，有一天夜里喝醉了酒，和随从一起赶路，遇到一条大蛇挡在路上。随从不敢过去，刘邦醉醺醺地说："大丈夫行路，有什么可怕的？"就走上前去，拔剑斩断了大蛇。后来刘邦听说他所斩的蛇是白帝的儿子，而自己则是赤帝的儿子。赤帝的儿子斩了白帝的儿子，刘邦非常高兴，而跟随他的人则更敬畏他了。

经典拓展

1　对一对。

大海对（　　　）　　金盘对（　　　）

舞调对（　　　）　　步辇对（　　　）

灯闪闪对（　　　）　　朱漆槛对（　　　）

2　连一连。

圆月　　月台　　赏雨　　冬雪　　击水

虹桥　　斜雨　　听风　　凌云　　春风

3　读一读。

袁世凯对不住中国人民

窃国大盗袁世凯一命呜呼之后，四川有一位文人，声称要去北京为袁世凯送挽联。乡人听后，惊愕不解，打开他撰写好的对联一看：

袁世凯千古；

中国人民万岁！

一位心直口快的小伙子说：“上联的‘袁世凯’三字，怎么能对得住下联‘中国人民’四个字呢？”文人听了“哧”的一声笑了起来，说：“对了，袁世凯就是对不住中国人民！”

4　背一背。

雪梅（其一）

［宋］卢梅坡

梅雪争春未肯降，骚人搁笔费评章。
梅须逊雪三分白，雪却输梅一段香。

国学点睛

古人作诗时的“分韵”、“分题”各指什么？

“分韵”是旧时作诗方式之一。指作诗先规定若干字为韵，各人分拈韵字，依韵作诗。“分题”也是旧时作诗方式之一。若干人相聚，分找题目以赋诗。

sì zhī

四 支

经典原文

quán duì shí gàn duì zhī chuī zhú duì tán sī shān
泉对石，干对枝，吹竹对弹丝。山
tíng duì shuǐ xiè yīng wǔ duì lú cí wǔ sè bǐ shí
亭对水榭，鹦鹉对鸬鹚。五色笔，十
xiāng cí pō mò duì chuán zhī shén qí hán gàn huà xióng
香词，泼墨对传卮。神奇韩干画，雄
hún lǐ líng shī jǐ chù huā jiē xīn duó jǐn yǒu rén xiāng
浑李陵诗。几处花街新夺锦，有人香
jìng dàn níng zhī wàn lǐ fēng yān zhàn shì biān tóu zhēng bǎo
径淡凝脂。万里烽烟，战士边头争保
sài yì lí gāo yǔ nóng fū cūn wài jìn chéng shí
塞；一犁膏雨，农夫村外尽乘时。

经典注释

水榭：临水或在水上的供人游玩和休息的房屋。 **鸬鹚**：水鸟，善于捕鱼，统称鱼鹰，有的地方叫墨鸦。 **五色笔**：南朝梁时江淹，一天梦到晋代学者郭璞送他一支五色笔，醒来后文才大长。 **十香词**：传说是辽代的皇后萧氏所作。**卮**：古代的一种酒器。 **韩干**：唐代画家。 **李陵**：西汉名将李广的孙子。相传李陵有《别苏武诗》。 **夺锦**：唐代诗人宋之问在武则天的宴会上，因诗作得特别好而获赐锦袍。 **膏**

雨：滋润土壤的雨水。　乘时：这里指农夫利用下雨的有利时机。

经典原文

zū duì hǎi fù duì shī diǎn qī duì miáo zhī fán
菹对醢，赋对诗，点漆对描脂。璠
zān duì zhū lǚ jiàn kè duì qín shī gū jiǔ jià mǎi shān
簪对珠履，剑客对琴师。沽酒价，买山
zī guó sè duì xiān zī wǎn xiá míng sì jǐn chūn yǔ
资，国色对仙姿。晚霞明似锦，春雨
xì rú sī liǔ bàn cháng dī qiān wàn shù huā héng yě sì
细如丝。柳绊长堤千万树，花横野寺
liǎng sān zhī zǐ gài huáng qí tiān xiàng yù zhān jiāng zuǒ
两三枝。紫盖黄旗，天象预占江左
dì qīng páo bái mǎ tóng yáo zhōng yìng shòu yáng ér
地；青袍白马，童谣终应寿阳儿。

经典注释

菹、醢：均指肉酱。　璠：美玉。　簪：古代男女用来绾住头发或把帽子别在头发上的一种针形首饰。　履：鞋。

经典原文

zhēn duì zàn fǒu duì zhī yíng zhào duì cán sī
箴对赞，缶对卮，萤炤对蚕丝。
qīng jū duì cháng xiù ruì cǎo duì líng zhī liú tì cè
轻裾对长袖，瑞草对灵芝。流涕策，
duàn cháng shī hóu shé duì yāo zhī yún zhōng xióng hǔ
断肠诗，喉舌对腰肢。云中熊虎

jiàng tiān shàng fèng huáng ér yǔ miào qiān nián chuí jú yòu
将，天上凤凰儿。禹庙千年垂橘柚，
yáo jiē sān chǐ fù máo cí xiāng zhú hán yān yāo xià
尧阶三尺覆茅茨。湘竹含烟，腰下
qīng shā lǒng dài mào hǎi táng jīng yǔ liǎn biān qīng lèi shī
轻纱笼玳瑁；海棠经雨，脸边清泪湿
yān zhī
胭脂。

经典注释

箴：一种文体，多用于规诫。 **赞**：一种文体，一般用于颂扬，多用韵文写成。 **缶**：古代一种大肚子小口儿的瓦器。 **炤**：同“照”。 **瑞草**：相传是不常见的草，见了就预示着吉祥。 **流涕策**：西汉贾谊《陈政事疏》有“可为流涕”之句。 **断肠诗**：宋代才女朱淑真诗集名《断肠集》。 **云中**：汉代北方有云中郡。 **茅茨**：用茅草盖的屋子。 **玳瑁**：动物名，其甲片可作装饰品，也可入药。

经典原文

zhēng duì ràng wàng duì sī yě gé duì shān zhī
争对让，望对思，野葛对山栀。
xiān fēng duì dào gǔ tiān zào duì rén wéi zhuān zhū jiàn
仙风对道骨，天造对人为。专诸剑，
bó làng chuí jīng wěi duì gān zhī wèi zūn mín wù zhǔ dé
博浪椎，经纬对干支。位尊民物主，德
zhòng dì wáng shī wàng qiè bù fáng rén qù yuǎn xīn máng
重帝王师。望切不妨人去远，心忙
wú nài mǎ xíng chí jīn wū bì lái fù qǐ mào lín tí
无奈马行迟。金屋闭来，赋乞茂林题

zhù bǐ　　yù lóu chéng hòu　　jì xū chāng gǔ　fù náng cí
柱笔；玉楼成后，记须昌谷负囊词。

经典注释

专诸：春秋时刺客，他在宴会上，把匕首藏在鱼腹中进献吴王僚，乘机刺死了僚。　**博浪椎**：张良令力士在博浪沙用铁椎狙击秦始皇。　**金屋**：汉武帝幼时欲建华丽的宫殿给表妹阿娇居住。　**玉楼**：唐代诗人李贺外出时，令奴僮背古锦囊，得句即投入其中，诗名《昌谷集》。后梦见神人说："上帝白玉楼成，命其作记。"不久就去世了。

经典故事

神奇韩干画

韩干是唐朝著名的画家，最擅长画马。关于韩干画马，有许多神奇的故事。

传说，当时有个人牵了一匹蹄上有一点黑块的马去看病。兽医看到后大惊，叫道："这不就是我前天看到的韩干画上的一匹马吗？"兽医边说边指，那马的形体、毛色都像韩干画的那匹马，连蹄上的那点黑块也一样。正说着，碰巧韩干过来了。他仔细观察了一番，这马真的和自己曾画过的马一模一样！

经典拓展

1　对一对。

吹竹对(　　　)　　鹦鹉对(　　　)

(　　　)对十香词　　(　　　)对断肠诗

2　连一连。

门庭多喜气　　　绿风柳十围
门含千山秀　　　天高任鸟飞
海阔凭鱼跃　　　楼览万里春
红雨桃千树　　　山水遍春光

3　读一读。

南京明故宫联

［明］朱元璋

世事如棋，一着争来千古业；
柔情似水，几时流尽六朝春。

4　背一背。

遣　兴

［唐］杜　甫

干戈犹未定，弟妹各何之？
拭泪沾襟血，梳头满面丝。
地卑荒野大，天远暮江迟。
衰疾那能久？应无见汝期。

国学点睛

何谓隶书？

一般认为隶书的由来是“奏事繁多，篆字难成，即令隶人佐书，曰隶字”。

五微

wǔ wēi

经典原文

xián duì shèng shì duì fēi jué ào duì cān wēi yú
贤对圣，是对非，觉奥对参微。鱼
shū duì yàn zì cǎo shè duì chái fēi jī xiǎo chàng zhì zhāo
书对雁字，草舍对柴扉。鸡晓唱，雉朝
fēi hóng shòu duì lǜ féi jǔ bēi yāo yuè yǐn qí mǎ tà
飞，红瘦对绿肥。举杯邀月饮，骑马踏
huā guī huáng gài néng chéng chì bì jié chén píng shàn jiě bái
花归。黄盖能成赤壁捷，陈平善解白
dēng wēi tài bái shū táng pù quán chuí dì sān qiān zhàng kǒng
登危。太白书堂，瀑泉垂地三千丈；孔
míng sì miào gǔ bǎi cān tiān sì shí wéi
明祀庙，古柏参天四十围。

经典注释

觉奥、参微：都指弄懂深奥微妙的道理。 **鱼书、雁字**：都指书信。 **扉**：门扇。 **雉**：一种鸟，也叫野鸡。 **黄盖**：三国时吴国将领。 **陈平**：汉高祖刘邦的谋臣。

经典原文

gē duì jiǎ wò duì wéi dàng dàng duì wēi wēi
戈对甲，幄对帏，荡荡对巍巍。
yán tān duì shào pǔ jìng jú duì yí wēi zhān hóng jiàn
严滩对邵圃，靖菊对夷薇。占鸿渐，

cǎi fèng fēi　hǔ bǎng duì lóng qí　xīn zhōng luó jǐn xiù
采凤飞，虎榜对龙旂。心中罗锦绣，
kǒu nèi tǔ zhū jī　kuān hóng huò dá gāo huáng liàng　chì
口内吐珠玑。宽宏豁达高皇量，叱
zhà yīn yǎ bà wáng wēi　miè xiàng xīng liú　jiǎo tù jìn shí
咤喑哑霸王威。灭项兴刘，狡兔尽时
zǒu gǒu sǐ　lián wú jù wèi　pí xiū tún chù wò lóng guī
走狗死；连吴拒魏，貔貅屯处卧龙归。

经典注释

戈：古代兵器，横刃，用青铜或铁制成，装有长柄。　**幄**：帐幕。　**帏**：帐子。　**严滩**：东汉隐士严子陵钓鱼处。　**邵圃**：秦朝邵平辞官种瓜的园子。　**靖菊**：晋陶渊明谥号靖节，他喜爱菊花，后人把菊花叫做“靖菊”。　**夷薇**：伯夷和叔齐拒绝食用周朝的粮食，在首阳山上采摘薇菜（一种野菜）度日。　**虎榜**：龙虎榜的简称，即进士榜。　**龙旂**：画有两龙蟠结的旗帜。　**高皇**：指汉高祖刘邦。　**霸王**：指项羽。　**貔貅**：古书上说的一种猛兽。

经典原文

shuāi duì shèng　mì duì xī　jì fú duì cháo yī　jī
衰对盛，密对稀，祭服对朝衣。鸡
chuāng duì yàn tǎ　qiū bǎng duì chūn wéi　wū yī xiàng　yàn
窗对雁塔，秋榜对春闱。乌衣巷，燕
zǐ jī　jiǔ bié duì chū guī　tiān zī zhēn yǎo tiǎo　shèng dé
子矶，久别对初归。天姿真窈窕，圣德
shí guāng huī　pán táo zǐ què lái jīn mǔ　lǐng lì hóng chén
实光辉。蟠桃紫阙来金母，岭荔红尘

jìn yù fēi bà wáng jūn yíng yà fù dān xīn zhuàng yù
进玉妃。霸王军营，亚父丹心撞玉

dǒu cháng ān jiǔ shì zhé xiān kuáng xìng huàn yín guī
斗；长安酒市，谪仙狂兴换银龟。

经典注释

朝衣：古时大臣上朝时穿的衣服。 **鸡窗**：传说晋宋处宗有一只极为宠爱的长鸣鸡，一直被关在窗户边。后来鸡说人话，与处宗谈论，使处宗言谈技巧大增。 **雁塔**：在今西安市南慈恩寺中。 **乌衣巷**：在今江苏省南京市东南。 **燕子矶**：位于江苏省南京市北的观音山上。 **窈窕**：容貌美好。 **蟠桃**：古代神话中的仙桃。传说西王母曾送蟠桃给汉武帝。 **谪仙**：指诗人李白。李白狂放不羁，传说他曾以银龟换酒喝。

经典故事

雁　字

汉代苏武出使匈奴时，因为一件不相干的事，被单于扣留。汉朝多次派使臣来要苏武，匈奴都谎称苏武已经死了。后来，有人给汉朝使臣出了个主意，说汉昭帝在打猎时打到了一只大雁，雁脚上绑着苏武的信，说明苏武还活着。匈奴人不敢再隐瞒，只好把苏武放了回去。此后，人们也把书信叫做雁书、雁字。

经典拓展

1 对一对。

草舍对(　　　)　　鱼书对(　　　)

(　　　)对雉朝飞　　(　　　)对燕子矶

举杯邀月饮对(　　　　)

瀑泉垂地三千丈对(　　　　　　)

2 连一连。

春迎喜气　　户纳千祥

门迎百福　　人杰地灵

物华天宝　　四面春风

一方和气　　鸟唱春光

3 读一读。

斗鸡山上得妙联

相传,古时有一位秀才来游桂林名胜之一——斗鸡山。他一面游览,一面念念有词,不知不觉地哼出一句对联:“斗鸡山上山鸡斗。”

但是,却怎么也对不出下联来,这时恰巧他的启蒙老师也来游览斗鸡山,因而高兴万分。师生二人叙礼之后,秀才说出内心的困惑。老师对他说:“你的上联是回音对,正读反念,其音义都是一样。”秀才问老师可有佳对?老师说:“我刚才游了龙隐洞,何不以此来对!”说罢,他念道:“龙隐洞中洞隐龙。”

秀才一听,极为兴奋,感叹地说:“此乃天赐妙对矣!”

4 背一背。

山　中

[唐] 王　勃

长江悲已滞,万里念将归。
况属高风晚,山山黄叶飞。

六鱼

liù yú

经典原文

gēng duì fàn liǔ duì yú duǎn xiù duì cháng jū
羹对饭，柳对榆，短袖对长裾。
jī guān duì fèng wěi sháo yào duì fú qú zhōu yǒu ruò
鸡冠对凤尾，芍药对芙蕖。周有若，
hàn xiàng rú wáng wū duì kuāng lú yuè míng shān sì yuǎn
汉相如，王屋对匡庐。月明山寺远，
fēng xì shuǐ tíng xū zhuàng shì yāo jiān sān chǐ jiàn nán
风细水亭虚。壮士腰间三尺剑，男
ér fù nèi wǔ chē shū shū yǐng àn xiāng hé jìng gū shān
儿腹内五车书。疏影暗香，和靖孤山
méi ruǐ fàng qīng yīn qīng zhòu yuān míng jiù zhái liǔ tiáo shū
梅蕊放；轻阴清昼，渊明旧宅柳条舒。

经典注释

羹：通常用蒸、煮等方法做成的糊状食物。 **芙蕖**：荷花。 **有若**：孔子的弟子，又称有子。 **相如**：司马相如，西汉文学家。 **王屋**：即王屋山。在山西省垣曲县和河南省济源市之间。 **匡庐**：即庐山。 **三尺剑**：指宝剑。古代的宝剑大多为三尺长。 **和靖**：北宋诗人林逋，有诗句“疏影横斜水清浅，暗香浮动月黄昏”。

经典原文

wú duì rǔ ěr duì yú xuǎn shòu duì shēng chú shū
吾对汝，尔对余，选授对升除。书
xiāng duì yào guì lěi sì duì yōu chú shēn suī lǔ huí bù
箱对药柜，耒耜对耰锄。参虽鲁，回不
yú fá yuè duì yán lǘ zhū hóu qiān shèng guó mìng fù qī
愚，阀阅对阎闾。诸侯千乘国，命妇七
xiāng chē chuān yún cǎi yào wén xiān rén tà xuě xún méi cè
香车。穿云采药闻仙人，踏雪寻梅策
jiǎn lǘ yù tù jīn wū èr qì jīng líng wéi rì yuè luò
蹇驴。玉兔金乌，二气精灵为日月；洛
guī hé mǎ wǔ xíng shēng kè zài tú shū
龟河马，五行生克在《图》《书》。

经典注释

吾：我（们），我（们）的。**汝**：你，你的。**尔**：你（们），你（们）的。**余**：我，我的。**除**：授予官职。**耒、耜、耰**：古代的农具。**参**：指孔子的弟子曾参。**回**：指孔子的弟子颜回。**阀阅**：泛称门第、家世。**阎闾**：指里巷，借指普通人家。**蹇**：跛，行动缓慢。**玉兔**：指月亮。**金乌**：指太阳。**《图》《书》**：指河图和洛书。

经典原文

qī duì zhèng mì duì shū náng tuó duì bāo jū luó
攲对正，密对疏，囊橐对苞苴。罗
fú duì hú qiáo shuǐ qū duì shān yū cān hè jià dài luán
浮对壶峤，水曲对山纡。骖鹤驾，待鸾
yú jié nì duì cháng jū bó hǔ biàn zhuāng zǐ dāng xióng
舆，桀溺对长沮。搏虎卞庄子，当熊

féng jié yú nán yáng gāo shì yín liáng fǔ xī shǔ cái

冯婕妤。南阳高士吟《梁父》，西蜀才

rén fù zǐ xū sān jìng fēng guāng bái shí huáng huā gōng

人赋《子虚》。三径风光，白石黄花供

zhàng lǚ wǔ hú yān jǐng qīng shān lǜ shuǐ zài qiáo yú

杖履；五湖烟景，青山绿水在樵渔。

经典注释

欹：倾斜，歪。 **囊橐**：盛物的袋子。大称囊，小称橐。**苞苴**：包裹。 **罗浮、壶峤**：传说，罗浮二山随风雨而离合，壶峤二山逐波涛而上下。 **纡**：弯曲，曲折。 **鸾舆**：皇帝的车驾。 **卞庄子**：春秋卞邑大夫。 **《梁父》**：乐曲名，即《梁父吟》。 **《子虚》**：即司马相如作的《子虚赋》。 **樵**：打柴。

经典故事

颜回安贫

颜回，字子渊，是孔子最得意的弟子，在《论语》中被多次提及。

颜回住在非常简陋的小巷子里，生活过得异常艰苦，他甚至连吃饭的碗和喝水的杯子都没有。因为太穷，他买不起陶器，于是就用一个竹筒做碗，用一个葫芦瓢做杯子，其他的东西更不必说了。人人见了都替他忧愁，但是颜回安贫乐道，好学不倦，始终坚守着他的崇高志向。所以，孔子对颜回的品行有很高的评价。

经典拓展

1 对一对。

短袖对（　　　）　　鸡冠对（　　　）

（　　　）对山纡　　穿云对（　　　）

2 连一连。

春风墨韵	两袖清风
蕙兰并茂	夜雨书声
人欢马叫	桃李争芳
一身正气	虎跃龙腾

3 读一读。

数字绝对联

李戒翎

一孤帆，二商客，三四五六水手，扯起七八叶风篷，下九江还有十里；

十里运，九里香，八七六五号轮，虽走四三年旧道，只二日胜似一年。

4 背一背。

焚书坑

［唐］章　碣

竹帛烟销帝业虚，关河空锁祖龙居。

坑灰未冷山东乱，刘项原来不读书。

国学点睛

词作为一种文体有哪些别称？

词是“曲子词”的简称，唐五代时期称“曲”、“杂曲”或“曲子词”，也称“诗余”。此外，词还有乐府、琴趣、长短句、乐章等别名。

qī yú
七虞

经典原文

hóng duì bái yǒu duì wú bù gǔ duì tí hú máo

红对白，有对无，布谷对提壶。毛

zhuī duì yǔ shàn tiān què duì huáng dū xiè hú dié zhèng

锥对羽扇，天阙对皇都。谢蝴蝶，郑

zhè gū dǎo hǎi duì guī hú huā féi chūn yǔ rùn zhú

鹧鸪，蹈海对归湖。花肥春雨润，竹

shòu wǎn fēng shū mài fàn dòu mí zhōng chuàng hàn chún gēng

瘦晚风疏。麦饭豆糜终创汉，莼羹

lú kuài jìng guī wú qín diào qīng tán yáng liǔ yuè zhōng qián

鲈脍竟归吴。琴调轻弹，杨柳月中潜

qù tīng jiǔ qí xié guà xìng huā cūn lǐ gòng lái gū

去听；酒旗斜挂，杏花村里共来沽。

经典注释

提壶：鸟名。 **毛锥**：毛笔。 **谢蝴蝶**：宋代谢逸因好写蝴蝶诗而得名。 **郑鹧鸪**：唐代郑谷因写诗《鹧鸪》而得名。 **麦饭豆糜**：东汉光武帝曾靠吃麦饭、豆粥渡过难关。 **莼羹鲈脍**：晋代张翰厌倦官场生活，思念起家乡的莼羹、鲈脍。

经典原文

luó duì qǐ míng duì shū bǎi xiù duì sōng kū

罗对绮，茗对蔬，柏秀对松枯。

zhōng yuán duì shàng sì fǎn bì duì huán zhū yún mèng
中元对上巳，返璧对还珠。云梦
zé dòng tíng hú yù zhú duì bīng hú cāng tóu xī jiǎo
泽，洞庭湖，玉烛对冰壶。苍头犀角
dài lǜ bìn xiàng yá shū sōng yīn bái hè shēng xiāng yìng
带，绿鬓象牙梳。松阴白鹤声相应，
jìng lǐ qīng luán yǐng bù gū zhú hù bàn kāi duì yǒu bù
镜里青鸾影不孤。竹户半开，对牖不
zhī rén zài fǒu chái mén shēn bì tíng chē hái yǒu kè
知人在否；柴门深闭，停车还有客
lái wú
来无。

经典注释

绮：有花纹或图案的丝织品。 中元：古时以夏历七月十五日为“中元节”。 上巳：古时以夏历三月上旬巳日为“上巳节”。 云梦泽：位于湖北省东南部，为古代云梦大泽的湖底。 洞庭湖：在湖南省北部。 青鸾：传说中凤凰一类的神鸟。

经典原文

bīn duì zhǔ bì duì nú bǎo yā duì jīn fú
宾对主，婢对奴，宝鸭对金凫。
shēng táng duì rù shì gǔ sè duì tóu hú chān hé bì
升堂对入室，鼓瑟对投壶。觇合璧，
sòng lián zhū tí wèng duì dāng lú yǎng gāo hóng rì jìn
颂联珠，提瓮对当垆。仰高红日近，
wàng yuǎn bái yún gū xīn xiàng mì shū kuī èr yǒu jī
望远白云孤。歆向秘书窥二酉，机

yún fāng yù dòng sān wú zǔ jiàn sān bēi lǎo qù cháng

云芳誉动三吴。祖饯三杯，老去常

zhēn huā xià jiǔ huāng tián wǔ mǔ guī lái dú hè yuè

斟花下酒；荒田五亩，归来独荷月

zhōng chú

中锄。

经典注释

婢：旧时有钱人家雇用的女孩子。 奴：旧社会受压迫、剥削、役使而没有人身自由等政治权利的人（跟“主”相对）。 宝鸭、金凫：都是古代用来焚香的器具。 投壶：中国古代宴会的礼制，也是一种投掷游戏。把箭投入壶中，投得少的要罚酒。 瓮：一种盛东西的陶器，腹部较大。 垆：酒店里安放酒瓮的土台子，借指酒店。 歆向：西汉末年学者刘歆和他的父亲刘向。 二酉：大、小酉山，传说山中藏了许多书。 机云：西晋文学家陆机、陆云。

经典原文

jūn duì fù wèi duì wú běi yuè duì xī hú

君对父，魏对吴，北岳对西湖。

cài shū duì chá chuǎn jù téng duì chāng pú méi huā shù

菜蔬对茶荈，苣藤对菖蒲。梅花数，

zhú yè fú tíng yì duì shān hū liǎng dū bān gù

竹叶符，廷议对山呼。《两都》班固

fù bā zhèn kǒng míng tú tián qìng zǐ jīng táng xià

赋，《八阵》孔明图。田庆紫荆堂下

mào wáng póu qīng bǎi mù qián kū chū sài zhōng láng dī

茂，王裒青柏墓前枯。出塞中郎，羝

yǒu rǔ shí guī hàn shì zhì qín tài zǐ mǎ shēng jiǎo rì
有乳时归汉室；质秦太子，马生角日
fǎn yān dū
返燕都。

经典注释

苣藤：有人认为是芝麻。　山呼：汉武帝登嵩山，群臣三呼万岁，称为山呼。　班固：东汉史学家、文学家。　王裒：晋朝人。据说他的父亲被晋文帝杀死了，王裒攀着墓前的翠柏号哭，柏树忽然枯萎了。　羝：公羊。　质：在……做人质。

经典故事

马生角日返燕都

传说，战国时燕国太子丹被作为人质留在秦国，太子丹要求回国，秦王不准。秦王说："除非天上下粟，马生出角来，我才能让你回去。"太子丹仰天长叹，知道这是要彻底断绝他回国的念头啊。然而天真的落下粟来，马也长了角，秦王只好放他走了。

经典拓展

1　对一对。

升堂对（　　　　）　　毛锥对（　　　　）

柏秀对（　　　　）　　天阙对（　　　　）

2 连一连。

风调雨顺	五福生根
江山如画	日暖花香
三春放彩	国泰民安
风清云静	大地皆春

3 读一读。

苏东坡与黄庭坚在松树底下下棋。一阵春风吹来，松果掉进棋盘。苏东坡想到一句："松下围棋，松子每随棋子落。"黄庭坚从容对道："柳边垂钓，柳丝常伴钓丝悬。"

4 背一背。

早春呈水部张十八员外

［唐］韩 愈

天街小雨润如酥，草色遥看近却无。
最是一年春好处，绝胜烟柳满皇都。

国学点睛

什么是词牌？

词牌即词的曲谱。词总共有一千多个曲谱，人们给每个曲谱起了一个名字，就是词牌。

八齐

bā qí

经典原文

luán duì fèng quǎn duì jī sài běi duì guān xī cháng
鸾对凤，犬对鸡，塞北对关西。长

shēng duì yì zhì lǎo yòu duì mào ní bān zhú cè jiǎn tóng
生对益智，老幼对旄倪。颁竹策，剪桐

guī pū zǎo duì zhēng lí mián yāo rú xì liǔ nèn shǒu sì
圭，剥枣对蒸梨。绵腰如细柳，嫩手似

róu tí jiǎo tù yóu chuān sān xué yǐn jiāo liáo quán jiè yì
柔荑。狡兔犹穿三穴隐，鹪鹩权借一

zhī qī lù lǐ xiān shēng cè zhàng chuí shēn fú shào zhǔ
枝栖。甪里先生，策杖垂绅扶少主；

yú líng zhòng zǐ pì lú zhī lǚ lài xián qī
於陵仲子，辟纑织履赖贤妻。

经典注释

鸾：传说中凤凰一类的鸟。 **旄倪**："旄"通"耄"，"倪"通"兒(儿)"，是老人和幼儿的合称。 **竹策**：用竹简写成的策书。 **剪桐圭**：圭，古代帝王诸侯举行典礼时所用的玉器。周朝时，周成王剪桐叶成圭形，封弟弟康叔。 **剥**：同"扑"，打。 **荑**：初生的茅草。 **鹪鹩**：鸟名，又称"巧妇鸟"。 **甪里先生**：西汉时，张良请来辅佐太子的四位隐士之一。 **绅**：古代士大夫束在腰间的大带子。 **於陵仲子**：齐国隐士陈仲子。　**辟纩**：剥麻。

经典原文

míng duì fèi　fàn duì qī　yàn yǔ duì yīng tí　shān

鸣对吠，泛对栖，燕语对莺啼。珊

hú duì mǎ nǎo　hǔ pò duì bō lí　jiàng xiàn lǎo　bó

瑚对玛瑙，琥珀对玻璃。绛县老，伯

zhōu lí　cè lí duì rán xī　yú huái kān zuò yīn　táo lǐ

州犁，测蠡对然犀。榆槐堪作荫，桃李

zì chéng xī　tóu wū jiù nǚ xī mén bào　lìn huàn féng qī

自成蹊。投巫救女西门豹，赁浣逢妻

bǎi lǐ xī　què lǐ mén qiáng　lòu xiàng guī mó yuán bú

百里奚。阙里门墙，陋巷规模原不

lòu　suí dī jī zhǐ　mí lóu zōng jì yì quán mí

陋；隋堤基址，迷楼踪迹亦全迷。

经典注释

绛县老：指高寿老人。　**伯州犁**：春秋时吴太宰伯嚭（pǐ）的祖父。　**测蠡**：用瓢测量海水。　**然犀**：然，“燃”的本字，燃烧。古代迷信，认为燃烧犀牛角可以照妖。

经典原文

yuè duì zhào　chǔ duì qí　liǔ àn duì táo xī　shā

越对赵，楚对齐，柳岸对桃溪。纱

chuāng duì xiù hù　huà gé duì xiāng guī　xiū yuè fǔ　shàng

窗对绣户，画阁对香闺。修月斧，上

tiān tī　dì dōng duì hóng ní　xíng lè yóu chūn pǔ　gōng yú

天梯，蝃蝀对虹蜺。行乐游春圃，工谀

bìng xià qí　lǐ guǎng bù fēng kōng shè hǔ　wèi míng dé lì

病夏畦。李广不封空射虎，魏明得立

wèi cún ní　àn pèi xú xíng　xì liǔ gōng chéng láo wáng jìng
为存麑。按辔徐行，细柳功成劳王敬；
wén shēng shāo wò　lín jīng míng zhèn zhǐ ér tí
闻声稍卧，临泾名震止儿啼。

经典注释

螮蝀、虹蜺：都是指虹。　**工谀病夏畦**：奉承别人比夏天在田间劳作还要难受。　**魏明**：魏明帝，他因怜惜小鹿而得到王位。　**辔**：驾驭牲口用的缰绳。　**临泾**：西汉人赤玼（cǐ）凶悍，人们常用他的名字吓唬啼哭的小孩。

经典故事

周亚夫治军细柳营

一次，汉文帝到大将周亚夫驻扎在细柳的军营视察慰问士兵，却被营门守将拒之门外。守将说："在军营，只听将军的命令。"汉文帝拿出他的符节，派人通报了周亚夫才获准车驾进来。随即，守营的官员又说道："军中有规定，军营内不许车马奔驰。"随从的官员都很生气，汉文帝却吩咐大家遵守军中规定。到了中营，只见周亚夫披盔戴甲地站在汉文帝面前，只拱拱手作个揖，说："臣有盔甲在身，不能下拜，

请允许按照军礼朝见。”汉文帝也没有生气，照样还礼。

看到周亚夫如此治军，汉文帝非常高兴，从此更加器重他了。

经典拓展

1 对一对。

塞北对（　　　）　　琥珀对（　　　）

柳岸对（　　　）　　纱窗对（　　　）

2 连一连。

红旗映月	春满城乡
十分春色	春意融融
红梅点点	万里鹏程
天增岁月	白雪迎春

3 读一读。

传说，有一次唐伯虎和祝枝山因事到乡村，看到农夫车水。祝枝山出对曰：“水车车水，水随车，车停水止。”唐伯虎对道：“风扇扇风，风出扇，扇动风生。”他们对得非常巧妙，传诵一时。

4 背一背。

江畔独步寻花

［唐］杜　甫

黄四娘家花满蹊，千朵万朵压枝低。
留连戏蝶时时舞，自在娇莺恰恰啼。

国学点睛

什么是小令？

关于小令，有多种说法。第一种是词中的短小者。第二种是指散曲中的只曲，与“套数”相对：一般以一支曲子为独立单位。第三种指民间的流行小曲。

jiǔ jiā
九 佳

经典原文

mén duì hù mò duì jiē zhī yè duì gēn gāi dòu jī duì huī zhǔ fèng jì duì luán chāi dēng chǔ xiù dù qín huái zǐ fàn duì fū chāi shí dǐng lóng tóu suō yín zhēng yàn chì pái bǎi nián shī lǐ yán yú qìng wàn lǐ fēng yún rù zhuàng huái néng biàn míng lún sǐ yǐ yě zāi bēi jì lù bù yóu jìng dòu shēng hū yú yě yǒu gāo chái

门对户，陌对街，枝叶对根荄。斗鸡对挥麈，凤髻对鸾钗。登楚岫，渡秦淮，子犯对夫差。石鼎龙头缩，银筝雁翅排。百年《诗》、《礼》延余庆，万里风云入壮怀。能辨名伦，死矣野哉悲季路；不由径窦，生乎愚也有高柴。

经典注释

陌：田间的小路，南北为阡，东西为陌。 **荄**：草根。 **麈**：一种鹿，尾巴可以做拂尘。 **子犯**：人名，春秋晋国人。 **夫差**：春秋吴国国君。 **季路**：孔子的弟子。 **高柴**：孔子的弟子，卫国内乱时他劝季路不要参与，季路不听，高柴便一个人跑出来，孔子批评他愚钝。

经典原文

guān duì lǚ wà duì xié hǎi jiǎo duì tiān yá jī

冠对履，袜对鞋，海角对天涯。鸡

rén duì hǔ lǚ liù shì duì sān jiē chén zǔ dòu xì duī

人对虎旅，六市对三阶。陈俎豆，戏堆

mái jiǎo jiǎo duì ái ái xián xiàng jù dōng gé liáng péng

埋，皎皎对皑皑。贤相聚东阁，良朋

jí xiǎo zhāi mèng lǐ shān chuān shū yuè jué zhěn biān

集小斋。梦里山川书《越绝》，枕边

fēng yuè jì qí xié sān jìng xiāo shū péng zé gāo fēng

风月记《齐谐》。三径萧疏，彭泽高风

yí wǔ liǔ liù cháo huá guì láng yá jiā qì zhòng sān huái

怡五柳；六朝华贵，琅琊佳气种三槐。

经典注释

鸡人：古代报时的官员。虎旅：勇猛的军队。六市：犹六街，指都市的大街闹市。三阶：相传古代帝王的正厅有三层台阶。俎豆：俎和豆都是古代祭祀、设宴用的器具。堆埋：孟子小时候家住在坟场附近，常玩埋坟哭丧的游戏。五柳：陶渊明自号五柳先生。三槐：周代宫廷外植有三棵槐树，三公朝见天子时，面向三槐。

经典原文

qín duì jiǎn qiǎo duì guāi shuǐ xiè duì shān zhāi bīng

勤对俭，巧对乖，水榭对山斋。冰

táo duì xuě ǒu lòu jiàn duì gēng pái hán cuì xiù guì

桃对雪藕，漏箭对更牌。寒翠袖，贵

jīng chāi kāng kǎi duì huī xié zhú jìng fēng shēng lài huā
荆钗，慷慨对诙谐。竹径风声籁，花
xī yuè yǐng shāi xié náng jiā yùn suí shí zhù hè chú chén
溪月影筛。携囊佳韵随时贮，荷锄沉
hān dào chù mái jiāng hǎi gū zōng xuě làng fēng tāo jīng lǚ
酣到处埋。江海孤踪，雪浪风涛惊旅
mèng xiāng guān wàn lǐ yān luán yún shù qiè guī huái
梦；乡关万里，烟峦云树切归怀。

经典注释

水榭：临水或在水上的供人游玩和休息的房屋。 **漏箭、更牌**：古代的计时工具。 **筛**：洒落。

经典原文

qǐ duì zǐ guì duì jiē shuǐ pō duì shān yá wǔ
杞对梓，桧对楷，水泊对山崖。舞
qún duì gē xiù yù bì duì yáo jiē fēng rù mèi yuè yíng
裙对歌袖，玉陛对瑶阶。风入袂，月盈
huái hǔ sì duì láng chái mǎ róng táng shàng zhàng yáng kǎn
怀，虎兕对狼豺。马融堂上帐，羊侃
shuǐ zhōng zhāi běi miàn hóng gōng yí shí jiè dōng xún dài
水中斋。北面黉宫宜拾芥，东巡岱
zhì dìng fán chái jǐn lǎn chūn jiāng héng dí dòng xiāo tōng bì
畤定燔柴。锦缆春江，横笛洞箫通碧
luò huá dēng yè yuè yí zān duò cuì biàn xiāng jiē
落；华灯夜月，遗簪堕翠遍香街。

经典注释

杞、梓、桧、楷：都是树木名。 **袂**：袖子。 **兕**：古代指犀牛(一说指雌性犀牛)。　**马融**:东汉学者,常在堂前设帐,教帐前弟子听帐后音乐。　**羊侃**:南朝人,常乘船在水上宴客。　**黉宫**:古代的学校。　**岱**:泰山的别称,也叫岱宗、岱岳。　**畤**:祭天地及古代帝王的处所。　**碧落**:天空。

经典故事

刘伶戒酒

晋代名士刘伶是“竹林七贤”之一,他的诗文很有名,但一生嗜酒如命。传说,有一次他酒瘾上来了,可怜巴巴地向妻子要酒喝。妻子劝他说:“你喝酒太多了,这不是养生之道,一定要戒酒啊!”刘伶说:“好!但这要在鬼神面前赌咒发誓才行。你快去准备酒肉,我这就要祈祷了。”妻子听了非常开心,就照他的话办了。刘伶跪着祈祷说:“老天生我刘伶,爱喝美酒出名,一次喝上一斛(hú)五斗才解酒病,妇人说的话语千万不要听。”于是,又喝得酩酊大醉。

经典拓展

1　对一对。

海角对(　　　　)　　水泊对(　　　　)

舞裙对(　　　　)　　慷慨对(　　　　)

2　连一连。

花开富贵　　　　鸟语辞寒

人心喜暖　　　　竹报平安

华灯飞彩　　　　梅柳生辉

云霞呈秀　　　　喜爆放红

3　读一读。

明朝人解缙，家门正对着富豪的竹林。除夕，他在门上贴了一副春联："门对千根竹，家藏万卷书。"富豪见了，叫人把竹砍掉。解缙深解其意，于上下联各添一字："门对千根竹短，家藏万卷书长。"富豪更加恼火，下令把竹子连根挖掉。解缙暗中发笑，在上下联又添一字："门对千根竹短无，家藏万卷书长有。"富豪气得目瞪口呆。

4　背一背。

春　词

［唐］卢　纶

北苑罗裙带，尘衢锦绣鞋。

醉眠芳树下，半被落花埋。

国学点睛

何谓楷书？

楷书又称正书，或称真书，是隶书的变体，其特点是：形体方正，笔画平直，可作楷模，故名。楷书始于东汉，盛行于东晋并一直沿用至今。

十灰

shí huī

经典原文

chūn duì xià xǐ duì āi dà shǒu duì cháng cái

春对夏，喜对哀，大手对长才。

fēng qīng duì yuè lǎng dì kuò duì tiān kāi yóu làng yuàn

风清对月朗，地阔对天开。游阆苑，

zuì péng lái qī zhèng duì sān tái qīng lóng hú lǎo zhàng

醉蓬莱，七政对三台。青龙壶老杖，

bái yàn yù rén chāi xiāng fēng shí lǐ wàng xiān gé míng

白燕玉人钗。香风十里望仙阁，明

yuè yì tiān sī zǐ tái yù jú bīng táo wáng mǔ jǐ yīn

月一天思子台。玉橘冰桃，王母几因

qiú dào jiàng lián zhōu lí zhàng zhēn rén yuán wèi dú

求道降；莲舟藜杖，真人原为读

shū lái

书来。

经典注释

大手：即大手笔，原指重要文章，后引申为形容人文采高妙。 **阆苑**：传说中神仙居住的地方，诗文中常用来指宫苑。**蓬莱**：神话中渤海里仙人居住的山。 **思子台**：汉武帝纪念死去的太子而造的高台。 **玉橘冰桃**：传说西王母曾送汉武帝玉橘、冰桃。

经典原文

zhāo duì mù qù duì lái shù yǐ duì kāng zāi mǎ
朝对暮，去对来，庶矣对康哉。马
gān duì jī lèi xìng yǎn duì táo sāi jiā xìng shì hǎo huái
肝对鸡肋，杏眼对桃腮。佳兴适，好怀
kāi shuò xuě duì chūn léi yún yí zhī què guàn rì shài fèng
开，朔雪对春雷。云移鳷鹊观，日晒凤
huáng tái hé biān shū qì yíng fāng cǎo lín xià qīng fēng dài
凰台。河边淑气迎芳草，林下轻风待
luò méi liǔ mèi huā míng yàn yǔ yīng shēng hún shì xiào
落梅。柳媚花明，燕语莺声浑是笑；
sōng háo bǎi wǔ yuán tí hè lì zǒng chéng āi
松号柏舞，猿啼鹤唳总成哀。

经典注释

庶矣：众多。　康哉：安康。　马肝：古人认为马肝味道不好。“食马肝”，比喻干卑微琐碎的事。　鸡肋：鸡的肋骨，用以比喻无多大意味，但又不忍舍弃的东西。　鳷鹊观：汉武帝时所建道观。　淑气：温和之气。　浑：都。　唳：（鹤、鸿等）鸣叫。

经典原文

zhōng duì xìn bó duì gāi cǔn duó duì yí cāi
忠对信，博对赅，忖度对疑猜。
xiāng xiāo duì zhú àn què xǐ duì qióng āi jīn huā bào
香消对烛暗，鹊喜对蛩哀。金花报，
yù jìng tái dǎo jiǎ duì xián bēi yán diān héng lǎo shù
玉镜台，倒斝对衔杯。岩巅横老树，

shí dèng fù cāng tái　xuě mǎn shān zhōng gāo shì wò　yuè
石磴覆苍苔。雪满山中高士卧，月
míng lín xià měi rén lái　lǜ liǔ yán dī　jiē yīn sū zǐ
明林下美人来。绿柳沿堤，皆因苏子
lái shí zhòng　bì táo mǎn guàn　jìn shì liú láng qù hòu zāi
来时种；碧桃满观，尽是刘郎去后栽。

经典注释

赅：完备。　忖度：推测、揣度。　蛩：古书上指蟋蟀。金花报：古代考试得中，通报其家，叫金花报喜。　玉镜台：温峤娶他姑姑的女儿，以玉镜台作为聘礼。　斝：古代酒器名。　磴：山头石阶。　苏子：苏轼。　刘郎：刘禹锡。

经典故事

壶老杖

传说，东汉的费长房曾经在集市上看到一个古怪的卖药老翁。这老翁每天卖完药后，就跳进自己挂在摊子前的壶里隐身。

费长房就跟随这位老翁学习仙术。一次，他要回家，老翁就送他一根竹杖，说骑上它一会儿就能到家。费长房骑上竹杖，果然片刻就到家了。他一扔竹杖，竹杖立刻变成一条青龙腾空而去。

经典拓展

1　对一对。

杏眼对(　　　　)　　　忖度对(　　　　)

朔雪对(　　　　)　　　地阔对(　　　　)

(　　　　　　)对日晒凤凰台

河边淑气迎芳草对(　　　　　　　　)

2　连一连。

江山添秀色　　　　花开万里香

清风迎盛世　　　　大地换新颜

日出千山秀　　　　旭日耀新春

3　读一读。

明朝人杨慎，相传他五六岁时在桂湖附近一个池塘里游泳，县令路过，他居然不起来回避。县令命人把他的衣服挂在一棵古树上，并告诉杨慎："本县令出副对子，如果你能对得出，饶你不敬之罪！"县令刚念完上联："千年古树为衣架。"杨慎即对出："万里长江做澡盆。"县令叹服，称赞杨慎为神童。

4　背一背。

花　影

［宋］苏　轼

重重叠叠上瑶台，几度呼童扫不开。
刚被太阳收拾去，却教明月送将来。

国学点睛

"诗仙"指的是谁？

"诗仙"指唐代诗人李白。李白的"仙气"既表现在他一生中对访道求仙的狂热追求，又表现在他诗歌中创造出的光怪陆离、云谲波诡的景象。

十一 真

shí yī zhēn

经典原文

lián duì jú fèng duì lín zhuó fù duì qīng pín yú zhuāng duì fó shè sōng gài duì huā yīn luó yuè sǒu gě tiān mín guó bǎo duì jiā zhēn cǎo yíng jīn lè mǎ huā zuì yù lóu rén cháo yàn sān chūn cháng huàn yǒu sài hóng bā yuè shǐ lái bīn gǔ wǎng jīn lái shéi jiàn tài shān céng zuò lì tiān cháng dì jiǔ rén chuán cāng hǎi jǐ yáng chén

莲对菊，凤对麟，浊富对清贫。渔庄对佛舍，松盖对花茵。萝月叟，葛天民，国宝对家珍。草迎金埒马，花醉玉楼人。巢燕三春尝唤友，塞鸿八月始来宾。古往今来，谁见泰山曾作砺；天长地久，人传沧海几扬尘。

经典注释

萝月叟：月下行走在藤萝盘绕的山路上的老人。　**葛天民**：葛天氏时代的人民，传说葛天是远古社会理想化的政治领袖。　**金埒马**：埒即勒，马具。清王武有养马的癖好，编钱为马埒。　**砺**：磨刀石。

经典原文

xiōng duì dì lì duì mín fù zǐ duì jūn chén

兄对弟，吏对民，父子对君臣。

gōu dīng duì fǔ jiǎ fù mǎo duì tóng yín zhé guì kè zān

勾丁对甫甲，赴卯对同寅。折桂客，簪

huā rén sì hào duì sān rén wáng qiáo yún wài xì guō

花人，四皓对三仁。王乔云外舄，郭

tài yǔ zhōng jīn rén jiāo hǎo yǒu qiú sān yì shì yǒu xián

泰雨中巾。人交好友求三益，士有贤

qī bèi wǔ lún wén jiào nán xuān wǔ dì píng mán kāi bǎi

妻备五伦。文教南宣，武帝平蛮开百

yuè yì qí xī zhǐ hán hóu fú hàn juǎn sān qín

越；义旗西指，韩侯扶汉卷三秦。

经典注释

勾丁：抓壮丁。 **甫甲**：刚入伍的人。 **赴卯**：上班。古代卯时开始工作。 **同寅**：旧称在同一处做官的人。 **四皓**："商山四皓"的简称。 **三仁**：殷商时的三位贤人。 **王乔**：汉代人，相传他善于神术，曾把鞋子化成两只大雁乘坐，觐见皇上。 **舄**：鞋子。 **郭泰**：汉代人，一次遇到下雨，把头巾折起一角，人们纷纷仿效，称作折角巾。 **三益**：指直、谅、多闻。 **五伦**：古代指君臣、父子、夫妻、兄弟、朋友之间的五种伦理关系。 **韩侯**：指韩信。

经典原文

shēn duì wǔ kǎn duì yín ā wèi duì yīn chén chǔ

申对午，侃对訚，阿魏对茵陈。楚

lán duì xiāng zhǐ bì liǔ duì qīng yún huā fù fù cǎo

兰对湘芷，碧柳对青筠。花馥馥，草

zhēn zhēn fěn jǐng duì zhū chún cáo gōng jiān sì guǐ yáo

蓁蓁，粉颈对朱唇。曹公奸似鬼，尧

dì zhì rú shén nán ruǎn cái láng chā běi fù dōng lín chǒu
帝智如神。南阮才郎差北富，东邻丑
nǚ xiào xī pín sè yàn běi táng cǎo hào wàng yōu yōu shèn
女效西颦。色艳北堂，草号忘忧忧甚
shì xiāng nóng nán guó huā míng hán xiào xiào hé rén
事；香浓南国，花名含笑笑何人。

经典注释

侃：刚直；和乐的样子。 **訚**：辩论时态度好。 **阿魏、茵陈**：草药名。 **蓁蓁**：草木茂盛的样子。 **曹公**：指曹操。

经典故事

周起渭巧对对联

周起渭是清朝康熙年间的进士，自幼聪明好学，十二岁就能吟诗作对，二十三岁时便被派到浙江做主考官了。

当他来到杭州时，许多应考的举子前来拜会，有的想来拉关系的，有的想见识一下的，也有的想刁难他的。其中有位朱贡生就当场出一个上联："东鸟西飞，满地凤凰难下足。"要他对下联。大家都以为周起渭要出洋相了，谁知他略一沉思，便对出下联："北龙南跃，一江鱼鳖尽低头。"朱贡生听了，红了脸，悄悄溜走了。

经典拓展

1　对一对。

国宝对(　　　)　　(　　　)对佛舍

赴卯对(　　　)　　(　　　)对清贫

2　填一填。

(1)白浪花千朵，青天________。

(2)海为龙世界，云是________。

3　读一读。

某书生家贫，向亲友借贷，均被拒绝。中举后，亲友纷纷前来巴结，趋之若鹜。书生感慨万千，在门口贴了一副对联：

回忆去岁，饥荒五、六、七月间，柴米尽焦枯，贫无一寸铁，赊不得，欠不得，虽有近亲远戚，谁肯雪中送炭；

侥幸今年，科举头、二、三场内，文章皆合适，中了五经魁，名也香，姓也香，不拘张三李四，都来锦上添花。

4　背一背。

渡汉江

［唐］宋之问

岭外音书断，经冬复历春。
近乡情更怯，不敢问来人。

国学点睛

何谓草书？

草书有章草、今草、狂草之分。"章草"笔画省变，有章法可循。把章草里面的隶书笔意省去，将上下字体之间的笔势连带、偏旁连接，称为"今草"。在"今草"的基础上发展为"狂草"。

shí èr wén
十二 文

经典原文

yōu duì xǐ qī duì xīn wǔ diǎn duì sān fén fó jīng duì xiān yǔ xià nòu duì chūn yún pēng

忧对喜，戚对欣，《五典》对《三坟》。佛经对仙语，夏耨对春耘。烹

zǎo jiǔ jiǎn chūn qín mù yǔ duì zhāo yún zhú jiān xié bái jiē huā xià zuì hóng qún

早韭，剪春芹，暮雨对朝云。竹间斜白接，花下醉红裙。

zhǎng wò líng fú wǔ yuè lù yāo xuán bǎo jiàn qī xīng wén jīn suǒ wèi kāi shàng

掌握灵符五岳箓，腰悬宝剑七星文。金锁未开，上

xiàng qū tīng gēng lòu yǒng zhū lián bàn juǎn qún liáo yǎng duì yù lú xūn

相趋听更漏永；珠帘半卷，群僚仰对御炉薰。

经典注释

戚：忧愁，悲哀。 **《五典》、《三坟》**：传说中我国最远古的书籍。 **耨**：锄草。 **耘**：田地里除草。 **白接**：一种白头巾。晋代山简曾酒后歪戴头巾而归。 **箓**：符箓，道士所画的一种图形或线条，声称能驱使鬼神、给人带来祸福。这是一种迷信的说法。 **更漏**：古代计时的工具。 **僚**：官吏。

经典原文

cí duì fù lǎn duì qín lèi jù duì qún fēn luán
词对赋，懒对勤，类聚对群分。鸾
xiāo duì fèng dí dài cǎo duì xiāng yún yān xǔ bǐ hán
箫对凤笛，带草对香芸。燕许笔，韩
liǔ wén jiù huà duì xīn wén hè hè zhōu nán zhòng piān piān
柳文，旧话对新闻。赫赫周南仲，翩翩
jìn yòu jūn liù guó shuì chéng sū zǐ guì liǎng jīng shōu fù
晋右军。六国说成苏子贵，两京收复
guō gōng xūn hàn què chén shū kǎn kǎn zhōng yán tuī jiǎ yì
郭公勋。汉阙陈书，侃侃忠言推贾谊；
táng tíng duì cè yán yán zhí jiàn yǒu liú fén
唐廷对策，岩岩直谏有刘蕡。

经典注释

燕许：唐代的张说封燕国公，苏颋（tǐng）封许国公，他们的文章都很有名，时人称为燕许大手笔。 **韩柳**：唐代文学大家韩愈与柳宗元的合称。 **周南仲**：周宣王时的大将。 **晋右军**：晋代书法家王羲之，曾做右军将军。 **苏子**：战国时苏秦。 **郭公**：唐代军事家郭子仪，曾平定“安史之乱”，收复长安、洛阳。 **贾谊**：西汉文学家、政论家。 **岩岩**：威严。 **刘蕡**：唐代进士。

经典原文

yán duì xiào jì duì xūn lù shǐ duì yáng fén xīng
言对笑，绩对勋，鹿豕对羊羵。星
guān duì yuè shàn bǎ mèi duì shū qún tāng shì gě yuè
冠对月扇，把袂对书裙。汤事葛，说
xīng yīn luó yuè duì sōng yún xī chí qīng niǎo shǐ běi sài
兴殷，萝月对松云。西池青鸟使，北塞

hēi yā jūn　wén wǔ chéng kāng wéi yí dài，wèi wú shǔ hàn
黑鸦军。文武成康为一代，魏吴蜀汉
dìng sān fēn　guì yuàn qiū xiāo，míng yuè sān bēi yāo qū
定三分。桂苑秋宵，明月三杯邀曲
kè；sōng tíng xià rì，xūn fēng yì qǔ zòu tóng jūn
客；松亭夏日，薰风一曲奏桐君。

经典注释

豕：猪。　**羵**：传说是土中怪羊，雌雄不分。　**汤**：商祖成汤。　**说**：商朝的宰相傅说。　**青鸟**：传说中西王母的使者。　**黑鸦**：李克用守塞，军队皆着黑衣，号称黑鸦军。　**曲客**：酒。　**桐君**：古琴名。

经典故事

王羲之书裙

晋朝时，有一个人叫羊欣，他很小的时候就才华出众，引起了当地人的注意，连大书法家王羲之都很欣赏他。

羊欣也非常崇拜王羲之。传说，有一次王羲之趁羊欣白天睡觉时，在他的衣服前襟上写了很多字。羊欣醒来看到后非常高兴，视若珍宝，认真揣摩学习，书法因此有了很大进步。

经典拓展

1 对一对。

暮雨对(　　　)　　旧话对(　　　)

类聚对(　　　)　　鸾箫对(　　　)

2 填一填。

(1)月来满地水，________一天山。

(2)樱花红陌上，柳叶________边。

3 读一读。

古时有个秀才恃才傲物。一天，他在田垄遇到一个挑泥的农夫，不肯让路，两人均不得过。农夫笑道："我有一联，君若能对，愿下田让道。"秀才满口应承。农夫说："一担重泥遇子路(一旦仲尼遇子路)。"秀才苦思冥想，无言可对，只得下田让路。三年后，这个秀才看河工决堤引水，傍晚河工欢笑而返，才恍然大悟，续上前联："两堤夫子笑颜回。"

4 背一背。

江南逢李龟年

[唐] 杜　甫

岐王宅里寻常见，崔九堂前几度闻。
正是江南好风景，落花时节又逢君。

国学点睛

何谓行书？

行书出现在汉末，是介于楷书、草书之间的一种字体，是楷书的草化。它是为了弥补楷书的书写速度太慢和草书的难以辨认而产生的。

shí sān yuán

十三 元

经典原文

bēi duì zhǎng jì duì kūn yǒng xiàng duì cháng mén
卑对长，季对昆，永巷对长门。
shān tíng duì shuǐ gé lǚ shè duì jūn tún yáng zǐ dù
山亭对水阁，旅舍对军屯。杨子渡，
xiè gōng dūn dé zhòng duì nián zūn chéng qián duì chū zhèn
谢公墩，德重对年尊。承乾对出震，
dié kǎn duì chóng kūn zhì shì bào jūn sī quǎn mǎ rén
叠坎对重坤。志士报君思犬马，仁
wáng yǎng lǎo chá jī tún yuǎn shuǐ píng shā yǒu kè fàn zhōu
王养老察鸡豚。远水平沙，有客泛舟
táo yè dù xié fēng xì yǔ hé rén xié kē xìng huā cūn
桃叶渡；斜风细雨，何人携榼杏花村。

经典注释

季：弟弟。　**昆**：兄长。　**杨子渡**：古渡口名，在江苏省江都市南。　**谢公墩**：在南京谢安登眺处。　**乾、震、坎、坤**：都是《周易》中的卦名。　**桃叶渡**：在南京秦淮河、青溪两水合流处。　**榼**：古代盛酒或贮水的器具。

经典原文

jūn duì xiàng zǔ duì sūn xī zhào duì zhāo tūn
君对相，祖对孙，夕照对朝暾。

lán tái duì guì diàn hǎi dǎo duì shān cūn bēi duò lèi fù
兰台对桂殿，海岛对山村。碑堕泪，赋
zhāo hún bào yuàn duì huái ēn líng mái jīn tǔ qì tián
招魂，报怨对怀恩。陵埋金吐气，田
zhòng yù shēng gēn xiàng fǔ zhū lián chuí bái zhòu biān chéng
种玉生根。相府珠帘垂白昼，边城
huà jiǎo dòng huáng hūn fēng yè bàn shān qiū qù yān xiá kān
画角动黄昏。枫叶半山，秋去烟霞堪
yǐ zhàng lí huā mǎn dì yè lái fēng yǔ bù kāi mén
倚杖；梨花满地，夜来风雨不开门。

经典注释

暾：刚出的太阳。 赋招魂：《楚辞》中有《招魂》一篇。陵埋金：传说秦始皇在南京钟山埋金，以镇王气。金陵由此得名。 田种玉：传说杨伯雍常担水给路人饮用，有人送石子给他种到地里，结果地里生出玉石来。

经典故事

堕泪碑

西晋的征南大将军羊祜(hù)，在晋武帝时镇守襄阳，他爱护远近的老百姓，深得民心。羊祜与吴国大将陆抗在边境对峙时，用德行感化吴国的老百姓。他后来生病去世，南州的老百姓为他罢市停业，街头巷尾都是悼念他的痛哭声。老百姓为羊祜在岘(xiàn)山立了一块碑，看到这块碑的人都会流泪，当时的人就称这块碑为“堕泪碑”。

经典拓展

1 对一对。

(　　　)对长门　　　(　　　)对水阁

海岛对(　　　)　　　报怨对(　　　)

2 连一连。

春光珍一刻　　　红梅斗雪开

寒梅因雪艳　　　壮志寄千秋

青竹迎风立　　　喜气到人间

春光回大地　　　飞燕为春归

3 读一读。

古代有一个贪官，为表其清白，在衙门口写了副对联：“爱民如子，执法如山。”夜里，有人在其联下续上两行：“爱民如子，金子银子皆吾子也；执法如山，钱山靠山其为山乎。”众人看了，无不发笑。

4 背一背。

从军行

[唐] 王昌龄

大漠风尘日色昏，红旗半卷出辕门。

前军夜战洮河北，已报生擒吐谷浑。

国学点睛

“天下第一行书”是指什么作品？

被称为“天下第一行书”的是王羲之的《兰亭序》。《兰亭序》，又称《兰亭集序》、《禊帖》等。

shí sì hán

十四 寒

经典原文

jiā duì guó zhì duì ān dì zhǔ duì tiān guān kǎn
家对国，治对安，地主对天官。坎
nán duì lí nǚ zhōu gào duì yīn pán sān sān nuǎn
男对离女，周《诰》对殷《盘》。三三暖，
jiǔ jiǔ hán dù zhuàn duì bāo tán gǔ bì qióng shēng zā
九九寒，杜撰对包弹。古壁蛩声匝，
xián tíng hè yǐng dān yàn chū lián biān chūn jì jì yīng wén
闲亭鹤影单。燕出帘边春寂寂，莺闻
zhěn shàng lòu shān shān chí liǔ yān piāo rì xī láng guī qīng
枕上漏珊珊。池柳烟飘，日夕郎归青
suǒ tà qì huā yǔ guò yuè míng rén yǐ yù lán gān
锁闼；砌花雨过，月明人倚玉栏杆。

经典注释

地主：指地上的神主。　**坎、离**：都是《周易》中的卦名，古人认为坎表示男，离表示女。　**周《诰》、殷《盘》**：指《尚书》中属于西周的《洛诰》、《康诰》和属于殷商的《盘庚》等文章。**三三**：农历三月三日，魏晋以后将此定为上巳日。　**九九**：农历九月九日，古代称重阳节。　**杜撰**：宋代有位姓杜的诗人撰作诗歌不合律，人称“杜撰”。后来指没有根据地编造、虚构。　**包弹**：宋代的包拯敢于弹劾（hé）权贵，人称“包弹”。

青锁闼：有青色连锁花纹的门。闼，门。　砌：台阶。

经典原文

féi duì shòu zhǎi duì kuān huáng quǎn duì qīng luán
肥对瘦，窄对宽，黄犬对青鸾。
zhǐ huán duì yāo dài xǐ bō duì tóu gān zhū nìng jiàn jìn
指环对腰带，洗钵对投竿。诛佞剑，进
xián guān huà dòng duì diāo lán shuāng chuí bái yù zhù jiǔ
贤冠，画栋对雕栏。双垂白玉箸，九
zhuǎn zǐ jīn dān shǎn yòu táng gāo huái shào bó hé nán huā
转紫金丹。陕右棠高怀召伯，河南花
mǎn yì pān ān mò shàng fāng chūn ruò liǔ dāng fēng pī cǎi
满忆潘安。陌上芳春，弱柳当风披彩
xiàn chí zhōng qīng xiǎo bì hé chéng lù pěng zhū pán
线；池中清晓，碧荷承露捧珠盘。

经典注释

投竿：指钓鱼。　诛佞剑：诛杀奸臣的宝剑。　进贤冠：文臣戴的帽子。　白玉箸：传说佛家得道后，临终时鼻孔出两股白气，像一双筷子。　召伯：西周大臣召公治理陕西召地时，常在一棵甘棠树下办理政事，他走后，人们保留甘棠树以纪念他。　潘安：据说是古代的美男子，他曾在做官的地方栽满桃花。

经典原文

xíng duì wò tīng duì kàn lù dòng duì yú tān jiāo
行对卧，听对看，鹿洞对鱼滩。蛟
téng duì bào biàn hǔ jù duì lóng pán fēng lǐn lǐn xuě màn
腾对豹变，虎踞对龙蟠。风凛凛，雪漫

màn shǒu là duì xīn suān yīng yīng duì yàn yàn xiǎo xiǎo
漫，手辣对心酸。莺莺对燕燕，小小
duì duān duān lán shuǐ yuǎn cóng qiān jiàn luò yù shān gāo bìng
对端端。蓝水远从千涧落，玉山高并
liǎng fēng hán zhì shèng bù fán xī xì liù líng chén zǔ
两峰寒。至圣不凡，嬉戏六龄陈俎
dòu lǎo lái dà xiào chéng huān qī gǔn wǔ bān lán
豆；老莱大孝，承欢七衮舞斑斓。

经典注释

蛟：古代传说中指兴风作浪、能发洪水的龙。 豹变：豹纹会变得很美，形容人向好的方向改变。 踞：蹲坐。 蟠：盘曲地伏着。 莺莺、燕燕、小小、端端：都是古代有名的女子。 至圣：指孔子。

经典故事

戏彩娱亲

传说，周朝时有个老人叫莱子，非常孝顺。他伺候父母，总是极尽所能地做可口甘美的食物。即将七十岁了，他也从来不在父母面前说自己老。他经常身穿色彩鲜艳的婴儿装，像婴儿一样在双亲身边嬉戏。有一次，在为父母挑水时，他假装跌倒，趴在地上，学婴儿的哇哇哭声，逗父母开心。

经典拓展

1　对一对。

画栋对（　　　）　　虎踞对（　　　）

三三暖对（　　　）　　风凛凛对（　　　）

2　连一连。

半溪流水绿　　千树落花红

宇宙乾坤大　　花鸟一床书

风云三尺剑　　深谷看云飞

幽林听鸟语　　江山日月长

3　读一读。

师生联对见奇才

［明］凌濛初

眉先生，须后生，先生不及后生长；

眼珠子，鼻孔子，珠子反在孔子上。

4　背一背。

未展芭蕉

［唐］钱　珝

冷烛无烟绿蜡干，芳心犹卷怯春寒。

一缄书札藏何事，会被东风暗拆看。

国学点睛

“天下第二行书”是指什么作品？

王羲之的《兰亭序》、颜真卿的《祭侄文稿》、苏轼的《黄州寒食诗帖》被称为“三大行书”。按时间排序，《祭侄文稿》名列第二，故称“天下第二行书”。

shí wǔ shān

十五 删

经典原文

lín duì wù lǐng duì luán zhòu yǒng duì chūn xián móu
林对坞，岭对峦，昼永对春闲。谋
shēn duì wàng zhòng rèn dà duì tú jiān qún niǎo niǎo pèi
深对望重，任大对途艰。裙袅袅，佩
shān shān shǒu sài duì dāng guān mì yún qiān lǐ hé xīn
珊珊，守塞对当关。密云千里合，新
yuè yì gōu wān shū bǎo jūn chén jiē zòng yì chóng huá fù
月一钩弯。叔宝君臣皆纵逸，重华父
mǔ shì yín wán míng dòng dì jī xī shǔ sān sū lái rì
母是嚚顽。名动帝畿，西蜀三苏来日
xià zhuàng yóu jīng luò dōng wú èr lù qǐ yún jiān
下；壮游京洛，东吴二陆起云间。

经典注释

袅袅：形容细长柔软的东西随风摆动。 **珊珊**：玉器碰撞声。 **叔宝**：陈后主名。 **重华**：帝舜的名字。 **嚚顽**：愚蠢，顽固。 **帝畿、日下**：皆指都城。 **三苏**：宋代苏洵与二子苏轼、苏辙三人。 **二陆**：晋代陆机、陆云兄弟的合称。 **云间**：古华亭(今上海市松江区)、松江府的别称。

经典原文

lín duì fǎng lìn duì qiān tǎo nì duì píng mán
临对仿，吝对悭，讨逆对平蛮。

zhōng gān duì yì dǎn wù fà duì yún huán mái bǐ zhǒng
忠肝对义胆，雾发对云鬟。埋笔冢，
làn kē shān yuè mào duì tiān yán lóng qián zhōng dé yuè
烂柯山，月貌对天颜。龙潜终得跃，
niǎo juàn yì zhī huán lǒng shù fēi lái yīng wǔ lǜ chí yún
鸟倦亦知还。陇树飞来鹦鹉绿，池筠
mì chù zhè gū bān qiū lù héng jiāng sū zǐ yuè míng yóu
密处鹧鸪斑。秋露横江，苏子月明游
chì bì dòng xuě mí lǐng hán gōng xuě yōng guò lán guān
赤壁；冻雪迷岭，韩公雪拥过蓝关。

经典注释

吝、悭：吝啬。　韩公：唐代韩愈，有诗句："云横秦岭家何在，雪拥蓝关马不前。"

经典故事

观棋烂柯

位于浙江省的烂柯山是围棋圣地。传说晋代有一个名叫王质的樵夫，有一天他上山砍柴，看见几个童子在下围棋，王质就蹲在一旁观看。一会儿，有个童子提醒他说："你怎么不回去呢？"王质起身一看，自己带的斧头的手柄已经全烂了。回到家，已经看不到当时的人了。原来王质误入仙境，遇到了神仙，仙界一日，人间百年。

从此，人们就把“烂柯”作为围棋的别称。

经典拓展

1　对一对。

任大对（　　　）　　守塞对（　　　）

忠肝对（　　　）　　谋深对（　　　）

2　填一填。

（1）风来花自舞，春到鸟______。

（2）半溪流水绿，千树______。

（3）山从人面起，云傍马头____。

3　读一读。

谐音拆字联

［明］唐伯虎　张灵

贾岛醉来非假倒，

刘伶饮尽不留零。

4　背一背。

登鹳雀楼

［唐］畅　当

迥临飞鸟上，高出世尘间。

天势围平野，河流入断山。

国学点睛

为什么把郑板桥的字称为“六分半书”？

清代著名书画家、文学家郑板桥的书法参照篆、隶、草、楷等书体的字形，介于楷隶之间。因隶书又称“八分”，故他戏称自己的书体为“六分半书”。

下卷

一先

经典原文

寒对暑，日对年，蹴踘对秋千。丹山对碧水，淡雨对覃烟。歌宛转，貌婵娟，雪鼓对云笺。荒芦栖南雁，疏柳噪秋蝉。洗耳尚逢高士笑，折腰肯受小儿怜。郭泰泛舟，折角半垂梅子雨；山涛骑马，接䍦倒著杏花天。

经典注释

蹴踘：即踢球。蹴，踢；踘，同“鞠”，球。　**覃**：长，悠长。

婵娟：姿态美好。 **云笺**：有云状花纹的纸，指书信。 **洗耳**：表示讨厌听到污浊的声音。 **折腰**：屈身事人。 **接篱**：古代的一种头巾。

经典原文

qīng duì zhòng, féi duì jiān, bì yù duì qīng qián.
轻对重，肥对坚，碧玉对青钱。
jiāo hán duì dǎo shòu, jiǔ shèng duì shī xiān. yī yù shù,
郊寒对岛瘦，酒圣对诗仙。依玉树，
bù jīn lián, záo jǐng duì gēng tián. dù fǔ qīng xiāo lì,
步金莲，凿井对耕田。杜甫清宵立，
biān sháo bái zhòu mián. háo yǐn kè tūn bō dǐ yuè, hān yóu
边韶白昼眠。豪饮客吞波底月，酣游
rén zuì shuǐ zhōng tiān. dòu cǎo qīng jiāo, jǐ háng bǎo mǎ sī
人醉水中天。斗草青郊，几行宝马嘶
jīn lè; kàn huā zǐ mò, qiān lǐ xiāng chē yōng cuì diàn.
金勒；看花紫陌，千里香车拥翠钿。

经典注释

碧玉：南朝（宋）汝南王妾的名字。 **青钱**：唐朝张鷟(zhuó)很有才学，时人称之“青钱学士”。 **郊寒、岛瘦**：唐代的两位诗人孟郊和贾岛。孟郊的诗内容清苦，贾岛的诗风格瘦峭。 **酒圣**：晋刘伶旷达好饮，人称酒圣。 **诗仙**：唐代诗人李白。 **翠钿**：用翠玉制成的首饰。

经典原文

yín duì yǒng, shòu duì chuán, lè yǐ duì qī rán.
吟对咏，授对传，乐矣对凄然。

fēng péng duì xuě yàn dǒng xìng duì zhōu lián chūn jiǔ shí

风鹏对雪雁，董杏对周莲。春九十，

suì sān qiān zhōng gǔ duì guǎn xián rù shān féng zǎi xiàng

岁三千，钟鼓对管弦。入山逢宰相，

wú shì jí shén xiān xiá yìng wǔ líng táo dàn dàn yān huāng

无事即神仙。霞映武陵桃淡淡，烟荒

suí dī liǔ mián mián qī wǎn yuè tuán chuò bà qīng fēng

隋堤柳绵绵。七碗月团，啜罢清风

shēng yè xià sān bēi yún yè yǐn yú hóng yǔ yùn sāi biān

生腋下；三杯云液，饮余红雨晕腮边。

经典注释

风鹏：比喻得时势有作为的人。 **董杏**：相传三国吴人董奉隐居庐山，为人治病不收钱，仅要求重病治愈者植杏树五株，轻者一株。 **周莲**：宋代儒学家周敦颐曾写《爱莲说》，盛赞荷花出淤泥而不染的高洁品质。 **春九十**：意思是春光将尽。 **岁三千**：比喻年寿之长。 **隋堤**：隋炀帝自板渚引黄河到达淮河，岸上都种柳树。 **月团**：茶名。 **啜**：饮，吃。**云液**：酒的美称。

经典原文

zhōng duì wài hòu duì xiān shù xià duì huā qián yù

中对外，后对先，树下对花前。玉

zhù duì jīn wū dié zhàng duì píng chuān sūn zǐ cè zǔ

柱对金屋，叠嶂对平川。孙子策，祖

shēng biān shèng xí duì huá yán jiě zuì zhī chá lì xiāo chóu

生鞭，盛席对华筵。解醉知茶力，消愁

shí jiǔ quán cǎi jiǎn jì hé kāi dòng zhǎo jǐn zhuāng fú yàn

识酒权。彩剪芰荷开冻沼，锦妆凫雁

fàn wēn quán　dì nǚ xián shí　hǎi zhōng yí pò wéi jīng wèi

泛温泉。帝女衔石，海中遗魄为精卫；

shǔ wáng jiào yuè　zhī shàng yóu hún huà dù juān

蜀王叫月，枝上游魂化杜鹃。

经典注释

孙子：指春秋战国时著名军事家孙武。　**祖生**：即祖逖。**茶力、酒权**：即茶和酒的功效。　**芰荷**：指菱叶与荷叶。传说隋炀帝曾命人用锦绢剪为荷花，遍插池苑，从中游乐。　**凫雁**：野鸭与大雁。有时单指大雁或野鸭。相传唐玄宗扩建华清宫汤池，规模宏丽，汤池内以玉莲为喷泉，又缝锦绣为凫雁，放于水中。　**精卫**：有“精卫填海”的神话故事。

经典故事

精卫填海

据上古神话传说，炎帝有个女儿叫女娃，在东海边玩耍时不小心掉下海淹死了。女娃的魂魄变成了一只白嘴红爪的鸟，名字叫精卫。精卫每天用嘴衔西山的石头来填东海，想把东海填平来报仇。

后来人们常用精卫填海比喻有深仇大恨，立志必报。也比喻不畏艰难，努力奋斗。

经典拓展

1 对一对。

丹山对(　　　　)　　　　(　　　　)对覃烟

酒圣对(　　　　)　　　　(　　　　)对耕田

解醉知茶力对(　　　　　　　)

2 填一填。

(1) 空中白鹤翩翩舞，塘里________阵阵歌。

(2) 虚心竹有低头叶，傲骨梅无________花。

3 读一读。

孙文对张之洞联

孙文　张之洞

持三字帖，见一品官，儒生妄敢称兄弟？

行千里路，读万卷书，布衣亦可傲王侯。

4 背一背。

使至塞上

［唐］王　维

单车欲问边，属国过居延。

征蓬出汉塞，归雁入胡天。

大漠孤烟直，长河落日圆。

萧关逢候骑，都护在燕然。

国学点睛

什么是山水画？

山水画是以描绘山川自然景观为主要题材的中国画，讲求意境，以巧妙构思意境为最高追求。

二萧

经典原文

琴对管，釜对瓢，水怪对花妖。秋声对春色，白缣对红绡。臣五代，事三朝，斗柄对弓腰。醉客歌金缕，佳人品玉箫。风定落花闲不扫，霜余残叶湿难烧。千载兴周，尚父一竿投渭水；百年霸越，钱王万弩射江潮。

经典注释

釜：古代的炊事用具，相当于现在的锅。 缣：细致的丝绢。 绡：用生丝织成的丝织品，这里指绸子。 臣五代：指五代时官僚冯道，他曾历事后唐、后晋、后辽、后汉、后周。旧时拿他做没有气节的典型。 事三朝：沈约历事南朝宋、齐、梁三朝。 斗柄：北斗七星中排成柄状的三星。 弓腰：舞女反身将腰弯如弓形，叫做弓腰。 尚父：指姜子牙。 弩：古代兵器，一种利用机械力量射箭的弓。也泛指弓。

经典原文

róng duì cuì xī duì zhāo lù dì duì yún xiāo shāng
荣对悴，夕对朝，露地对云霄。商

yí duì zhōu dǐng yīn hù duì yú sháo fán sù kǒu
彝对周鼎，殷《濩》对虞《韶》。樊素口，

xiǎo mán yāo liù zhào duì sān miáo cháo tiān chē yì yì chū
小蛮腰，六诏对三苗。朝天车奕奕，出

sài mǎ xiāo xiāo gōng zǐ yōu lán chóng fàn gě wáng sūn fāng
塞马萧萧。公子幽兰重泛舸，王孙芳

cǎo zhèng lián biāo pān yuè gāo huái céng xiàng qiū tiān yín xī
草正联镳。潘岳高怀，曾向秋天吟蟋

shuài wáng wéi qīng xìng cháng yú xuě yè huà bā jiāo
蟀；王维清兴，尝于雪夜画芭蕉。

经典注释

商彝、周鼎：指商、周两代的青铜器。《濩》：相传为商汤王的舞乐名。《韶》：相传为古代虞舜时的乐曲名称。六诏：诏，王或首领。六诏指唐代西南六个部落的总称。三苗：传说尧、舜时代的一个古民族，主要分布在长江中游以南，洞庭湖与鄱阳湖之间。奕奕：有次序的样子。萧萧：形容马鸣声。

经典原文

gēng duì dú mù duì qiáo hǔ pò duì qióng yáo
耕对读，牧对樵，琥珀对琼瑶。

tù háo duì hóng zhǎo guì jí duì lán ráo yú qián zǎo
兔毫对鸿爪，桂楫对兰桡。鱼潜藻，

lù cáng jiāo shuǐ yuǎn duì shān yáo xiāng líng néng gǔ sè
鹿藏蕉，水远对山遥。湘灵能鼓瑟，

yíng nǚ jiě chuī xiāo　xuě diǎn hán méi héng xiǎo yuàn　fēng chuī
嬴女解吹箫。雪点寒梅横小院，风吹
ruò liǔ fù píng qiáo　yuè yǒu tōng xiāo　jiàng là bà shí guāng
弱柳覆平桥。月牖通宵，绛蜡罢时光
bù jiǎn　fēng lián dāng zhòu　diāo pán tíng hòu zhuàn nán xiāo
不减；风帘当昼，雕盘停后篆难消。

经典注释

琼瑶：美丽的玉石。　兔毫：用兔毛制成的笔。后泛指笔。　鸿爪：比喻往事的痕迹。　楫、桡：都是划船撑船的工具。　湘灵：相传是舜的二妃娥皇、女英，因哀痛舜死去，投湘江自尽，化为湘水之神，称为湘灵。　篆：指袅袅上升的香烟好像篆字一样。

经典故事

钱王射江潮

五代时期，天下大乱，政权更迭频繁。钱镠（liú）在公元896年占据了江浙一带，后来称王，人称钱王，建立了吴越国。

传说，他曾经派人在钱塘江放御潮柱，可柱子还没放好，潮水就汹涌而至。他命令士兵用弓箭射潮水，潮水竟然退了。到了公元978年，他的孙子钱俶

(chù)归顺宋朝，所以，又称其为“百年霸越”。

经典拓展

1　对一对。

秋声对(　　　)　　露地对(　　　)

琥珀对(　　　)　　水远对(　　　)

2　连一连。

东风荣万里	俏梅万态新
丰年飞瑞雪	喜讯乐千秋
盛世春花艳	好景舞春风
嫩柳千姿秀	神州气象新

3　读一读。

南北东西联

［清］纪晓岚

南通州，北通州，南北通州通南北；
东当铺，西当铺，东西当铺当东西。

4　背一背。

秋　词

［唐］刘禹锡

自古逢秋悲寂寥，
我言秋日胜春朝。
晴空一鹤排云上，
便引诗情到碧霄。

国学点睛

什么是花鸟画？

花鸟画是中国画的一种类型，与山水画、人物画组成中国画的三大体系。题材上以动植物为主要描绘对象，包括花卉、蔬果、草虫、畜兽、鳞介等分支。

三肴

sān yáo

经典原文

《诗》对《礼》，卦对爻，燕引对莺调。晨钟对暮鼓，野馔对山肴。雉方乳，鹊始巢，猛虎对神獒。疏星浮荇叶，皓月上松梢。为邦自古推瑚琏，从政于今愧斗筲。管鲍相知，能交忘形胶漆友；蔺廉有隙，终为刎颈死生交。

shī duì lǐ guà duì yáo yàn yǐn duì yīng diào chén zhōng duì mù gǔ yě zhuàn duì shān yáo zhì fāng rǔ què shǐ cháo měng hǔ duì shén áo shū xīng fú xìng yè hào yuè shàng sōng shāo wéi bāng zì gǔ tuī hú liǎn cóng zhèng yú jīn kuì dǒu shāo guǎn bào xiāng zhī néng jiāo wàng xíng jiāo qī yǒu lìn lián yǒu xì zhōng wéi wěn jǐng sǐ shēng jiāo

经典注释

卦、爻：古代卜筮所用的符号。　**引**：一种乐府诗体。　**野馔**：野外的酒食菜肴。　**雉**：野鸡。　**神獒**：传说能听懂人语的犬。　**瑚琏**：古代宗庙盛黍稷的器皿，是祭祀的贵重礼器，常用来比喻能担当重任的人才。　**管鲍**：管仲与其好友鲍叔牙。比喻深厚的友谊。　**斗筲**：都是很小的容器，常用来比喻气量狭小和才识短浅。 **胶漆**：比喻情感亲密、深厚。**蔺廉**：战国时赵国上卿蔺相如和大将廉颇。 **刎颈**：比喻可同生共死的至交好友。

经典原文

gē duì wǔ xiào duì cháo ěr yǔ duì shén jiāo yān
歌对舞，笑对嘲，耳语对神交。焉
niǎo duì hài shǐ tǎ suǐ duì luán jiāo yí jiǔ jìng mò qīng
鸟对亥豕，獭髓对鸾胶。宜久敬，莫轻
pāo yí qì duì tóng bāo zhài zūn gān bù bèi zhāng lù
抛，一气对同胞。祭遵甘布被，张禄
niàn tí páo huā jìng fēng lái féng kè fǎng chái fēi yuè dào
念绨袍。花径风来逢客访，柴扉月到
yǒu sēng qiāo yè yǔ yuán zhōng yì kē bù diāo wáng zǐ
有僧敲。夜雨园中，一颗不雕王子
nài qiū fēng jiāng shàng sān chóng céng juǎn dù gōng máo
柰；秋风江上，三重曾卷杜公茅。

经典注释

焉鸟、亥豕：此处说明字形相近而易讹错。 **獭髓**：獭的骨髓。 **鸾胶**：相传以凤凰嘴和麒麟角煎的胶可黏合弓弩拉断了的弦。俗称丧妻男子再婚。 **杜公**：指唐朝诗人杜甫。

经典原文

yá duì shè lǐn duì páo yù qìng duì jīn náo zhú
衙对舍，廪对庖，玉磬对金铙。竹
lín duì méi lǐng qǐ fèng duì téng jiāo jiāo xiāo zhàng shòu jǐn
林对梅岭，起凤对腾蛟。鲛绡帐，兽锦
páo lù guǒ duì fēng shāo yáng zhōu shū jú yòu jīng tǔ gòng
袍，露果对风梢。扬州输橘柚，荆土贡

jīng máo　duàn shé mái dì chēng sūn shū　dù yǐ zuò qiáo shí
菁茅。断蛇埋地称孙叔，渡蚁作桥识
sòng jiāo　hǎo mèng nán chéng　qióng xiǎng jiē qián piān jī jī
宋郊。好梦难成，蛩响阶前偏唧唧；
liáng péng yuǎn dào　jī shēng chuāng wài zhèng jiāo jiāo
良朋远到，鸡声窗外正嘐嘐。

经典注释

廪：粮仓。　**庖**：厨房。　**玉磬**：古代的一种用玉或石制成的打击乐器。　**金铙**：一种用金属制成的打击乐器。　**鲛绡**：传说中鲛人所织的丝绢、薄纱。鲛，就是鲨鱼。　**兽锦**：绣有麟、豹一类野兽花纹的锦缎。　**菁茅**：一种草类，古人用以扎神像，灌酒其上，表示神饮。　**嘐嘐**：鸡叫的声音。

经典故事

雉方乳

传说，东汉鲁恭当中牟县令时，治理有方，连蝗虫都不进县里。他的上司知道后，就派人去查看是否是真的。

使者来到中牟县，见有只野鸡安静地伏在桑树下，站在一旁的孩子却不去捉它。他很惊讶，就问这个孩子为什么不去捕捉。孩子说："野鸡正在喂小鸡，不能伤害它们。"于是大家都相信鲁恭把中牟县治理得好了。

经典拓展

1 对一对。

晨钟对(　　　)　　(　　　)对金铙

竹林对(　　　)　　(　　　)对窗外

2 填一填。

(1) 三跳,跳下地;______,飞上天。

(2) 白沙白水白洋淀,____海____河____浦江。

3 读一读。

明朝时,江苏省吴县出了一位叫施盘的"神童"。施盘家里很穷,上不起学,常常去偷看私塾先生上课。私塾的主人张都宪看到后说:"如果你能对出我的下联,我就破例让私塾先生收你为学生。"张都宪出的上联是:"新月如弓,残月如弓,上弦弓,下弦弓。"施盘略加思索,便对出下联:"朝霞似锦,暮霞似锦,东川锦,西川锦。"施盘对得十分工整,张都宪就让他进私塾念书了。

4 背一背。

亡　题

［唐］许　浑

商岭采芝寻四老,紫阳收术访三茅。
欲求不死长生诀,骨里无仙不肯教。

国学点睛

什么是肖像画?

肖像画又称"写照"、"写真"或"传神",专指描绘人物形象之画,是人物画的一种。按照不同的表现手法,可分为头像、半身像、群像等。

四豪

经典原文

茭对茨，荻对蒿，山麓对江皋。莺簧对蝶板，麦浪对桃涛。骐骥足，凤凰毛，美誉对嘉褒。文人窥蠹简，学士书兔毫。马援南征载薏苡，张骞西使进葡萄。辩口悬河，万语千言常亹亹；词源倒峡，连篇累牍自滔滔。

经典注释

茭、茨、荻：都是指蒿草。 麓：山脚。 皋：水边的高地。 莺簧：指黄莺啼叫的声音美如笙簧。 蝶板：蝴蝶的双翅忽开忽合好像乐器中的板。 麦浪：麦子被风一吹，上下起伏如同波浪一样。 桃涛：三月桃花开时，江湖水涨，波涛翻滚。 骐骥：良马。 凤凰毛：称誉人文采俊秀。 嘉褒：褒奖。 蠹：一种蛀虫。 薏苡：一年生或多年生草本。中医学上用种仁和根入药。 亹亹：连续而不倦怠。

经典原文

méi duì xìng lǐ duì táo yù pú duì jīng máo jiǔ
梅对杏，李对桃，棫朴对旌旄。酒
xiān duì shī shǐ dé zé duì ēn gāo xuán yí tà mèng
仙对诗史，德泽对恩膏。悬一榻，梦
sān dāo zhuō yì duì guì láo yù táng huā zhú rào jīn
三刀，拙逸对贵劳。玉堂花烛绕，金
diàn yuè lún gāo gū shān kàn hè pán yún xià shǔ dào wén
殿月轮高。孤山看鹤盘云下，蜀道闻
yuán xiàng yuè háo wàn shì cóng rén yǒu huā yǒu jiǔ yīng zì
猿向月号。万事从人，有花有酒应自
lè bǎi nián jiē kè yì qiū yí hè jìn wú háo
乐；百年皆客，一丘一壑尽吾豪。

经典注释

棫朴：白桵(ruǐ)和枹木。 **旌旄**：用来指挥军队的旗帜。

经典原文

tái duì shěng shǔ duì cáo fēn mèi duì tóng páo
台对省，署对曹，分袂对同袍。
míng qín duì jī jiàn fǎn zhé duì huí cáo liáng jiè zhù
鸣琴对击剑，返辙对回艚。良借箸，
cāo zhuō dāo xiāng chá duì chún láo dī quán guī hǎi dà
操捉刀，香茶对醇醪。滴泉归海大，
kuì tǔ jī shān gāo shí shì kè lái jiān què shé huà táng
篑土积山高。石室客来煎雀舌，画堂
bīn zhì yǐn yáng gāo bèi zhé jiǎ shēng xiāng shuǐ qī liáng
宾至饮羊羔。被谪贾生，湘水凄凉

yín fú niǎo zāo chán qū zǐ jiāng tán qiáo cuì zhù lí

吟《鹏鸟》；遭谗屈子，江潭憔悴著《离

sāo

骚》。

经典注释

台、省、署、曹：都是古时官府的名称。 分袂：古时把离别称做分袂。 借箸：指为人出谋划策。箸，筷子。 捉刀：北使见魏主，曹操拿刀旁立。 醇醪：指好酒。 贾生：贾谊。 屈子：屈原。

经典故事

陈蕃下榻

东汉人陈蕃当官时，一般不接待客人。但是，对于高尚的读书人，他却会破例接待。

徐孺子满腹经纶，德行高尚，名闻一方。陈蕃到豫章任太守时，亲自去拜访他，请他到府衙做官。徐孺子坚辞不就，但常造访太守。陈蕃为此特设一榻，徐孺子来时放下，离开后就悬挂起来。

后来人们常用"解榻、下榻、置榻、挂榻、悬榻、扫榻、徐榻、陈榻、徐孺榻、高士榻、陈蕃榻、高悬一榻、一榻高悬、一榻挂壁”等表示对贤才的器重或对宾客的礼遇。

经典拓展

1　对一对。

（　　　）对桃涛　　　鸣琴对（　　　）

美誉对（　　　）　　　酒仙对（　　　）

2　连一连。

新门燕喜	室染秋香
山环水绕	高第莺迁
门含紫气	人杰地灵
福临吉第	春满华堂

3　读一读。

南岳半山亭联

佚　名

遵道而行，但到半山须努力；
会心不远，欲登绝顶莫辞劳。

4　背一背。

咏　柳

［唐］贺知章

碧玉妆成一树高，万条垂下绿丝绦。
不知细叶谁裁出，二月春风似剪刀。

国学点睛

什么是水墨画？

水墨画，是中国画特有的一种表现形式，即纯用水墨作画。相传水墨画为唐代王维所创，他对画体提出“水墨为上”，后人宗之。

wǔ gē
五 歌

经典原文

wēi duì jù shǎo duì duō zhí gàn duì píng kē fēng
微对巨，少对多，直干对平柯。蜂
méi duì dié shǐ yǔ lì duì yān suō méi dàn sǎo miàn
媒对蝶使，雨笠对烟蓑。眉淡扫，面
wēi tuó miào wǔ duì qīng gē qīng shān cái xià gé báo
微酡，妙舞对清歌。轻衫裁夏葛，薄
mèi jiǎn chūn luó jiàng xiàng jiān xíng táng lǐ jìng bà wáng
袂剪春罗。将相兼行唐李靖，霸王
zá yòng hàn xiāo hé yuè běn yīn jīng qǐ yǒu yì qī céng
杂用汉萧何。月本阴精，岂有羿妻曾
qiè yào xīng wéi yè xiù làng chuán zhī nǚ màn tóu suō
窃药；星为夜宿，浪传织女漫投梭。

经典注释

柯：树枝。 **扫**：描画。 **面微酡**：酒后脸上泛红的容貌。 **夜宿**：夜间的星宿。 **浪传**：胡传，乱传。

经典原文

cí duì shàn nüè duì kē piāo miǎo duì pó suō
慈对善，虐对苛，缥缈对婆娑。
cháng yáng duì xì liǔ nèn ruǐ duì hán suō zhuī fēng mǎ wǎn
长杨对细柳，嫩蕊对寒莎。追风马，挽

rì gē yù yè duì jīn bō zǐ zhào xián dān fèng huáng
日戈，玉液对金波。紫诏衔丹凤，《黄
tíng huàn bái é huà gé jiāng chéng méi zuò diào lán zhōu yě
庭》换白鹅。画阁江城梅作调，兰舟野
dù zhú wéi gē mén wài xuě fēi cuò rèn kōng zhōng piāo liǔ
渡竹为歌。门外雪飞，错认空中飘柳
xù yán biān pù xiǎng wù yí tiān bàn luò yín hé
絮；岩边瀑响，误疑天半落银河。

经典注释

婆娑：树木或人的身躯摇曳多姿的样子。 **长杨**：汉宫名。 **寒莎**：秋天的莎草。 **追风马**：形容马跑得快。 **金波**：酒。形容其色如金，在杯中浮动如波。

经典原文

sōng duì zhú xìng duì hé bì lì duì téng luó tī
松对竹，荇对荷，薜荔对藤萝。梯
yún duì bù yuè qiáo chàng duì yú gē shēng dǐng zhì tīng
云对步月，樵唱对渔歌。升鼎雉，听
jīng é běi hǎi duì dōng pō wú láng āi fèi zhái shào
经鹅，北海对东坡。吴郎哀废宅，邵
zǐ lè xíng wō lì shuǐ liáng jīn jiē dài yě kūn shān měi
子乐行窝。丽水良金皆待冶，昆山美
yù zǒng xū mó yǔ guò huáng zhōu liú lí sè càn huá qīng
玉总须磨。雨过皇州，琉璃色灿华清
wǎ fēng lái dì yuàn hé jì xiāng piāo tài yè bō
瓦；风来帝苑，荷芰香飘太液波。

经典注释

薜荔：南方的一种蔓生植物。　**升鼎雉**：传说殷王武丁时祭祀太庙，有野鸡飞落鼎耳上而鸣。　**北海**：孔融被称做孔北海。　**吴郎**：唐吴融，有诗《废宅》。

经典原文

lóng duì jiàn　cháo duì wō　jí dì duì dēng kē　bīng
笼对槛，巢对窝，及第对登科。冰
qīng duì yù rùn　dì lì duì rén hé　hán qín hǔ　róng jià
清对玉润，地利对人和。韩擒虎，荣驾
é　qīng nǚ duì sù é　pò tóu zhū cǐ hù　shé chǐ xiè
鹅，青女对素娥。破头朱泚笏，折齿谢
kūn suō　liú kè jiǔ bēi yīng hèn shǎo　dòng rén shī jù bù
鲲梭。留客酒杯应恨少，动人诗句不
xū duō　lǜ yě níng yān　dàn tīng cūn qián shuāng mù dí
须多。绿野凝烟，但听村前双牧笛；
cāng jiāng jī xuě　wéi kàn tān shàng yì yú suō
沧江积雪，惟看滩上一渔蓑。

经典注释

冰清：比喻德行高洁。　**韩擒虎**：隋朝大将。　**荣驾鹅**：春秋时鲁昭公之臣。　**青女**：神话中的霜神。　**素娥**：嫦娥。　**朱泚**：唐朝大臣朱泚欲窃位，段秀实以笏击破其头。　**谢鲲**：晋朝谢鲲曾调戏邻家女子，被女子用梭子打断了牙齿。

经典故事

萧何月下追韩信

秦末农民战争中，韩信先投奔项梁的军队，项梁兵败后归附项羽。韩信屡次向项羽献计，始终不被采纳，于是他又前去投奔了刘邦。

在汉军中，韩信多次与谋士萧何纵论天下时局，为萧何所赏识，但韩信仍然没被刘邦重用，决定在行军途中离去，被萧何发现后连夜追了回来。萧何向刘邦推荐韩信，称他是汉王争夺天下不可缺少的大将之才，应重用韩信。刘邦就任命韩信为大将军。

从此，刘邦文依萧何，武靠韩信，最终夺得了天下。

经典拓展

1　对一对。

蜂媒对（　　　　）　　雨笠对（　　　　）

缥缈对（　　　　）　　长杨对（　　　　）

2　连一连。

明月一轮满　　　　喜气满新居
祥光临福地　　　　德泽福星明
仁风春日煦　　　　宅开幸福门
家种吉祥草　　　　德门四处和

3　背一背。

天末怀李白

［唐］杜　甫

凉风起天末，君子意如何？
鸿雁几时到，江湖秋水多。
文章憎命达，魑魅喜人过。
应共冤魂语，投诗赠汨罗。

liù má
六 麻

经典原文

qīng duì zhuó měi duì jiā bǐ lìn duì jīn kuā huā
清对浊，美对嘉，鄙吝对矜夸。花
xū duì liǔ yǎn wū jiǎo duì yán yá zhì hé zhái bó wàng
须对柳眼，屋角对檐牙。志和宅，博望
chá qiū shí duì chūn huá qián lú pēng bái xuě kūn dǐng liàn
槎，秋实对春华。乾炉烹白雪，坤鼎炼
dān shā shēn xiāo wàng lěng shā chǎng yuè biān sài tīng cán yě
丹砂。深宵望冷沙场月，边塞听残野
shù jiā mǎn yuàn sōng fēng zhōng shēng yǐn yǐn wéi sēng shè
戍笳。满院松风，钟声隐隐为僧舍；
bàn chuāng huā yuè xī yǐng yī yī shì dào jiā
半窗花月，锡影依依是道家。

经典注释

矜夸：骄傲自夸。 **花须**：花蕊伸展如须。 **柳眼**：柳叶如眉眼。 **志和宅**：唐代诗人张志和以太虚为庐，明月为伴。**博望槎**：汉代张骞封博望侯，乘槎寻河源。槎，木筏。 **锡**：僧人所持杖称锡。

经典原文

léi duì diàn wù duì xiá yǐ zhèn duì fēng yá jì
雷对电，雾对霞，蚁阵对蜂衙。寄

méi duì huái jú niàng jiǔ duì pēng chá yí nán cǎo yì
梅对怀橘，酿酒对烹茶。宜男草，益
mǔ huā yáng liǔ duì jiān jiā bān jī cí dì niǎn cài
母花，杨柳对蒹葭。班姬辞帝辇，蔡
yǎn qì hú jiā wǔ xiè gē lóu qiān wàn chǐ zhú lí máo
琰泣胡笳。舞榭歌楼千万尺，竹篱茅
shè liǎng sān jiā shān zhěn bàn chuáng yuè míng shí mèng fēi
舍两三家。珊枕半床，月明时梦飞
sài wài yín zhēng yí zòu huā luò chù rén zài tiān yá
塞外；银筝一奏，花落处人在天涯。

经典注释

蜂衙：蜂房。 **寄梅**：范晔在长安，陆凯自江南寄梅花一枝。后以寄梅借指对亲朋的思念和问候。 **蒹葭**：芦苇。

经典原文

yuán duì quē zhèng duì xié xiào yǔ duì zī jiē
圆对缺，正对斜，笑语对咨嗟。
shěn yāo duì pān bìn mèng sǔn duì lú chá bǎi shé niǎo
沈腰对潘鬓，孟笋对卢茶。百舌鸟，
liǎng tóu shé dì lǐ duì xiān jiā yáo rén fū shuài tǔ
两头蛇，帝里对仙家。尧仁敷率土，
shùn dé bèi liú shā qiáo shàng shòu shū céng nà lǚ bì jiān
舜德被流沙。桥上授书曾纳履，壁间
tí jù yǐ lǒng shā yuǎn sài tiáo tiáo lù qì fēng shā hé
题句已笼纱。远塞迢迢，露碛风沙何
kě jí cháng shā miǎo miǎo xuě tāo yān làng xìn wú yá
可极；长沙渺渺，雪涛烟浪信无涯。

经典注释

咨嗟：叹息。　**沈腰**：南朝梁文学家沈约，体弱多病，腰肢纤细。　**潘鬓**：晋文学家潘岳，由于屡遭不幸，身体早衰，三十二岁即出现白发。　**孟笋**：传说，孟宗的母亲病中想吃鲜笋，因时节正值冬季无笋可取，宗入竹林悲泣哀叹，笋竟因此生长出来。　**卢茶**：唐代诗人卢仝（tóng）好茶，饮必七碗。　**纳履**：穿鞋。

经典原文

shū duì mì pǔ duì huá yì hú duì cí yā hè
疏对密，朴对华，义鹘对慈鸦。鹤
qún duì yàn zhèn bái zhù duì huáng má dú sān dào yín
群对雁阵，白苎对黄麻。读三到，吟
bā chā sù jìng duì xuān huá wéi qí jiān bǎ diào chén
八叉，肃静对喧哗。围棋兼把钓，沉
lǐ bìng fú guā yǔ kè piàn shí néng zhǔ shí hú chán qiān
李并浮瓜。羽客片时能煮石，狐禅千
jié sì zhēng shā dǎng wèi cū háo jīn zhàng lǒng xiāng zhēn
劫似蒸沙。党尉粗豪，金帐笼香斟
měi jiǔ táo shēng qīng yì yín chēng róng xuě chuò tuán chá
美酒；陶生清逸，银铛融雪啜团茶。

经典注释

义鹘：鹰类鸷禽。　**慈鸦**：鸦能反哺其母。　**苎**：多年生草本植物。　**黄麻**：植物名。　**三到**：读书口到、眼到、心到。　**八叉**：唐代诗人温庭筠才思敏捷，传说他双手交叉八次即成诗，人呼之为“温八叉”。　**煮石**：仙人能煮石为饭。　**蒸沙**：

比喻不可能的事情。 铛：古代用来温酒、茶等的器具。啜：饮，吃。

经典故事

蔡琰泣胡笳

蔡琰就是三国时的蔡文姬，她是东汉著名学者蔡邕（yōng）的女儿，博学多才。《三字经》中就收录了“蔡文姬，能辨琴”的故事。相传她曾被匈奴人抢去，嫁给了匈奴的左贤王，生了两个儿子，后来曹操派人把她赎了回来。据说她曾写过一首《胡笳十八拍》，来诉说自己的不幸遭遇。

经典拓展

1 对一对。

（　　　）对檐牙　　花须对（　　　）

秋实对（　　　）　　寄梅对（　　　）

酿酒对（　　　）　　鹤群对（　　　）

2 连一连。

书山觅宝　　琴韵书声

博通上下　　学海泛舟

书林漫步　　雅集古今

诗情画意　　学海遨游

3 读一读。

于谦，明代进士，著名的民族英雄。他幼年时就勤奋好学，志向高远，对句出口皆成。有一年清明节，于谦随家中大人去祖坟扫墓，路过凤凰台时，他的叔父出了个上联让他对，联文是："今朝同上凤凰台。"于谦马上应对："他年独占麒麟阁。"

大人们听了，对这一抱负甚大的对句惊喜不已。他的叔父说："此小儿，乃是我们家的千里驹啊！"

4　背一背。

寒　食

［唐］韩　翃

春城无处不飞花，寒食东风御柳斜。
日暮汉宫传蜡烛，轻烟散入五侯家。

国学点睛

工笔画和写意画有什么不同？

工笔画是运用工整、细致、缜密的技法来描绘对象的画法。而写意画则不求工细形似，只求以精炼之笔勾勒景物的神态，抒发作者的情趣。

七阳

qī yáng

经典原文

台对阁，沼对塘，朝雨对夕阳。游人对隐士，谢女对秋娘。三寸舌，九回肠，玉液对琼浆。秦皇照胆镜，徐肇返魂香。青萍夜啸芙蓉匣，黄卷时摊薜荔床。元亨利贞，天地一机成化育；仁义礼智，圣贤千古立纲常。

tái duì gé，zhǎo duì táng，zhāo yǔ duì xī yáng。yóu rén duì yǐn shì，xiè nǚ duì qiū niáng。sān cùn shé，jiǔ huí cháng，yù yè duì qióng jiāng。qín huáng zhào dǎn jìng，xú zhào fǎn hún xiāng。qīng píng yè xiào fú róng xiá，huáng juàn shí tān bì lì chuáng。yuán hēng lì zhēn，tiān dì yì jī chéng huà yù；rén yì lǐ zhì，shèng xián qiān gǔ lì gāng cháng。

经典注释

谢女：指晋代才女谢道韫（yùn），人称她是咏絮高才。**秋娘**：即杜秋娘，唐代金陵女子，有著名诗句："劝君莫惜金缕衣，劝君惜取少年时。" **三寸舌**：指能说善辩。 **九回肠**：形容人心情郁闷。 **照胆镜**：传说秦始皇有照胆镜，能透视人的内脏，发现有人胆张心动，就意味着要暗害他，当即杀掉。

青萍：剑名。 **黄卷**：用绢书写的书籍。 **元亨利贞**：《周易》乾卦的卦辞。

经典原文

hóng duì bái lǜ duì huáng zhòu yǒng duì gēng cháng
红对白，绿对黄，昼永对更长。
lóng fēi duì fèng wǔ jǐn lǎn duì yá qiáng yún biàn shǐ xuě
龙飞对凤舞，锦缆对牙樯。云弁使，雪
yī niáng gù guó duì tā xiāng xióng wén néng xǐ è yàn
衣娘，故国对他乡。雄文能徙鳄，艳
qǔ wèi qiú huáng jiǔ rì gāo fēng jīng luò mào mù chūn qū
曲为求凰。九日高峰惊落帽，暮春曲
shuǐ xǐ liú shāng sēng zhàn míng shān yún rào mào lín cáng gǔ
水喜流觞。僧占名山，云绕茂林藏古
diàn kè qī shèng dì fēng piāo luò yè xiǎng kōng láng
殿；客栖胜地，风飘落叶响空廊。

经典注释

云弁使：蜻蜓。 **雪衣娘**：白鹦鹉。 **徙鳄**：传说潮州有鳄鱼为害人畜，韩愈作《祭鳄鱼文》祭拜它，鳄鱼就迁到其他地方去了。 **落帽**：晋人孟嘉在重阳节这天随桓温游于龙山，帽子被风吹落而不自觉。

经典原文

shuāi duì zhuàng ruò duì qiáng yàn shì duì xīn zhuāng
衰对壮，弱对强，艳饰对新妆。
yù lóng duì sī mǎ pò zhú duì chuān yáng dú bān mǎ shí
御龙对司马，破竹对穿杨。读班马，识

qiú yáng shuǐ sè duì shān guāng xiān qí cáng lǜ jú kè zhěn
求羊，水色对山光。仙棋藏绿橘，客枕

mèng huáng liáng chí cǎo rù shī yīn yǒu mèng hǎi táng dài hèn
梦黄粱。池草入诗因有梦，海棠带恨

wèi wú xiāng fēng qǐ huà táng lián bó yǐng fān qīng xìng zhǎo
为无香。风起画堂，帘箔影翻青荇沼；

yuè xié jīn jǐng lù lú shēng dù bì wú qiáng
月斜金井，辘轳声度碧梧墙。

经典注释

司马：官名，也是姓。 **破竹**：比喻做事顺利。 **穿杨**：比喻善于射箭。 **班马**：班固作《汉书》，司马迁作《史记》。**求羊**：西汉末年蒋诩告病辞官，隐居乡里，只和名士求仲、羊仲二人来往。 **辘轳**：利用滑轮原理制成的井上汲水用具。

经典原文

chén duì zǐ dì duì wáng rì yuè duì fēng shuāng
臣对子，帝对王，日月对风霜。

wū tái duì zǐ fǔ xuě yǒu duì yún fáng xiāng shān shè zhòu
乌台对紫府，雪牖对云房。香山社，昼

jǐn táng bù wū duì yán láng fēn jiāo tú nèi bì wén xìng
锦堂，蔀屋对岩廊。芬椒涂内壁，文杏

shì gāo liáng pín nǚ xìng fēn dōng bì yǐng yōu rén gāo wò
饰高梁。贫女幸分东壁影，幽人高卧

běi chuāng liáng xiù gé tàn chūn lì rì bàn lǒng qīng jìng
北窗凉。绣阁探春，丽日半笼青镜

sè shuǐ tíng zuì xià xūn fēng cháng tòu bì tǒng xiāng
色；水亭醉夏，薰风常透碧筒香。

经典注释

乌台:即御史台,掌管纠察百官的官署。 **紫府**:传说中神仙住的地方。 **雪牖**:雪窗。 **云房**:僧、道或隐者所居之室。 **蓽屋**:草屋。 **岩廊**:高大的宫殿。

经典故事

王羲之书换白鹅

晋代大书法家王羲之,他认为养鹅不仅可以陶冶情操,还能从鹅的某些体态姿势上领悟到书法运笔的道理。传说有一次,他带着儿子王献之乘小船游历绍兴山水风光。船行到一个村子附近,只见岸边有一群白

鹅,它们摇摇摆摆、磨磨蹭蹭的样子,使王羲之看得出神,不觉对这群白鹅动了爱慕之情,便想把它们买回家去。王羲之打听到这是一个道观里养的鹅,就希望道士能把这群鹅卖给他。道士说:"倘若右军大人想要,就请代我书写一部道家养生修炼的《黄庭经》吧!"王羲之求鹅心切,欣然答应了道士提出的条件。

从此,"王羲之书换白鹅"成了一段佳话。

经典拓展

1　对一对。

朝雨对(　　　　)　　　　昼永对(　　　　)

龙飞对(　　　　)　　　　故国对(　　　　)

玉液对(　　　　)　　　　水色对(　　　　)

2　连一连。

爽目诗书画	赏画悦心神
书存金石气	共赏无声诗
来看绝妙画	悦神梅竹兰
读书真福乐	室有蕙兰香

3　妙联故事。

许将是宋代状元，小时候以聪慧闻名乡里。传说他九岁那年夏天，跟随亲戚爬山游览，回去途中感到口渴，就向正在围篱笆的老伯讨茶水喝。老伯说："小哥，只要你能对出我多年对不出的对联，我就给你茶喝。"老伯念出上联："一篱二纬三桩围菜园，园种春夏秋冬菜。"许将略沉思了一会，就对了下联："百架千层万卷叠书馆，馆藏古今中外书。"许将话刚说完，众人拍手称妙。

4　背一背。

绝　句

[唐] 杜　甫

迟日江山丽，春风花草香。
泥融飞燕子，沙暖睡鸳鸯。

国学点睛

什么样的画叫历史画？

历史画，顾名思义，就是以历史事件、神话传说及宗教故事为题材的绘画。

bā gēng

八 庚

经典原文

xíng duì mào sè duì shēng xià yì duì zhōu jīng
形对貌，色对声，夏邑对周京。
jiāng yún duì jiàn shù yù qìng duì yín zhēng rén lǎo lǎo
江云对涧树，玉磬对银筝。人老老，
wǒ qīng qīng xiǎo yàn duì chūn yīng xuán shuāng chōng yù chǔ
我卿卿，晓燕对春莺。玄霜舂玉杵，
bái lù zhù jīn jīng gǔ kè jūn shān qiū nòng dí xiān rén
白露贮金茎。贾客君山秋弄笛，仙人
gōu lǐng yè chuī shēng dì yè dú xīng jìn dào hàn gāo néng
缑岭夜吹笙。帝业独兴，尽道汉高能
yòng jiàng fù shū kōng dú shéi yán zhào kuò shàn zhī bīng
用将；父书空读，谁言赵括善知兵。

经典注释

人老老：即尊敬别人的老人。 **磬**：一种打击乐器。**卿卿**：此处表示夫妻恩爱。 **玄霜**：传说中的仙药。 **贾客**：商人。 **缑岭**：山名，在河南。缑，刀剑等柄上所缠的绳。

经典原文

gōng duì yè xìng duì qíng yuè shàng duì yún xíng chéng
功对业，性对情，月上对云行。乘
lóng duì fù jì làng yuàn duì péng yíng chūn qiū bǐ yuè
龙对附骥，阆苑对蓬瀛。《春秋》笔，月

dàn píng dōng zuò duì xī chéng suí zhū guāng zhào shèng hé
旦评，东作对西成。隋珠光照乘，和
bì jià lián chéng sān jiàn sān rén táng jiàng yǒng yì qín yí
璧价连城。三箭三人唐将勇，一琴一
hè zhào gōng qīng hàn dì qiú xián zhào fǎng yán tān féng gù
鹤赵公清。汉帝求贤，诏访严滩逢故
jiù sòng tíng yōu lǎo nián zūn luò shè zhòng qí yīng
旧；宋廷优老，年尊洛社重耆英。

经典注释

乘龙：杜甫诗："门阑多喜气，女婿喜乘龙。"因此称女婿为乘龙快婿。　**附骥**：比喻攀附他人而成名。　**阆苑**：传说中的仙境。　**蓬瀛**：即蓬莱和瀛洲，古代传说中的神山名。**月旦评**：汉代许劭(shào)好品评人物，每月变更评论品题，称为月旦评。　**光照乘**：是说把这种宝珠挂在车上可以照明前后。乘，车子。　**唐将**：唐朝大将薛仁贵。　**赵公**：指宋朝的赵汴。　**耆英**：指年高而有道德学问的人。

经典原文

hūn duì dàn huì duì míng jiǔ yǔ duì xīn qíng liǎo
昏对旦，晦对明，久雨对新晴。蓼
wān duì huā gǎng zhú yǒu duì méi xiōng huáng shí sǒu dān
湾对花港，竹友对梅兄。黄石叟，丹
qiū shēng quǎn fèi duì jī míng mù shān yún wài duàn xīn
丘生，犬吠对鸡鸣。暮山云外断，新
shuǐ yuè zhōng píng bàn tà qīng fēng yí wǔ mèng yì lí hǎo
水月中平。半榻清风宜午梦，一犁好
yǔ chèn chūn gēng wáng dàn dēng yōng wù wǒ shí nián chí
雨趁春耕。王旦登庸，误我十年迟

zuò xiàng liú fén bú dì kuì tā duō shì zǎo chéng míng
作相；刘蕡不第，愧他多士早成名。

经典注释

蓼：一种植物。 **黄石叟**：即汉初张良所遇仙人黄石公。**丹丘生**：道教传说中的仙人。 **登庸**：选拔重用。

经典故事

纸上谈兵

赵括是战国时期赵国名将赵奢的儿子。赵括从小熟读兵书，谈起兵法来头头是道。赵奢死后，赵王想让赵括取代廉颇为将。蔺相如进谏说，赵括只会读兵书，但不知道变化，没有经验，不能做将领。赵王不听，结果赵括在与秦国军队作战时，指挥不得法，大败。赵括本人也在战斗中被乱箭射死。

经典拓展

1 对一对。

晓燕对（　　　） 阆苑对（　　　） 竹友对（　　　）

犬吠对（　　　） 久雨对（　　　） 江云对（　　　）

2 连一连。

推窗观日月	墨舞友情深
笔酣诗意厚	挥笔起云烟
春风寄潇洒	须读古今书
欲知天地事	大雅含华章

3 背一背。

四时田园杂兴

［宋］范成大

新筑场泥镜面平，家家打稻趁霜晴。
笑歌声里轻雷动，一夜连枷响到明。

jiǔ qīng

九　青

经典原文

gēng duì jiǎ sì duì dīng wēi què duì tóng tíng méi
庚对甲，巳对丁，魏阙对彤庭。梅
qī duì hè zǐ zhū bó duì yín píng yuān yù zhǎo lù
妻对鹤子，珠箔对银屏。鸳浴沼，鹭
fēi tīng hóng yàn duì jí líng rén jiān shòu zhě xiàng tiān
飞汀，鸿雁对鹡鸰。人间寿者相，天
shàng lǎo rén xīng bā yuè hǎo xiū pān guì fǔ sān chūn xū
上老人星。八月好修攀桂斧，三春须
jì hù huā líng jiāng gé píng lín yì shuǐ jìng lián tiān jì
系护花铃。江阁凭临，一水净连天际
bì shí lán xián yǐ qún shān xiù xiàng yǔ yú qīng
碧；石栏闲倚，群山秀向雨余青。

经典注释

魏阙：高大的城阙。魏同“巍”。　**彤庭**：指帝王宫殿。

经典原文

wēi duì luàn tài duì níng nà bì duì qū tíng jīn
危对乱，泰对宁，纳陛对趋庭。金
pán duì yù zhù fàn gěng duì fú píng qún yù pǔ zhòng
盘对玉箸，泛梗对浮萍。群玉圃，众

fāng tíng jiù diǎn duì xīn xíng qí niú xián dú shǐ mù shǐ
芳亭，旧典对新型。骑牛闲读史，牧豕
zì héng jīng qiū shǒu tián zhōng hé yǐng zhòng chūn yú yuán
自横经。秋首田中禾颖重，春余园
nèi cài huā xīn lǚ cì qī liáng sài yuè jiāng fēng jiē cǎn
内菜花馨。旅次凄凉，塞月江风皆惨
dàn yán qián huān xiào yān gē zhào wǔ dú pīng tíng
淡；筵前欢笑，燕歌赵舞独娉婷。

经典注释

纳陛：这里是登上台阶的意思。 **趋庭**：快步走过庭院。**泛梗**：比喻到处漂流，无处安身。 **群玉圃**：传说仙人西王母居住在群玉山的瑶圃。 **娉婷**：舞姿优美的样子。

经典故事

梅妻鹤子

林逋（bū）是北宋著名诗人，在杭州西湖的孤山过着躬耕隐居的生活。

他非常喜欢梅花和鹤，便在园子里种植大量的梅花，并养着鹤。关于梅花，林逋为后人留下了“疏影横斜水清浅，暗香浮动月黄昏”的千古名句。林逋一生都未娶妻生子，只与梅、鹤相伴，人们说他以梅为妻，以鹤为子。

经典拓展

1　对一对。

金盘对(　　　　)　　　旧典对(　　　　)

梅妻对(　　　　)　　　泛梗对(　　　　)

2　连一连。

临事勿躁	品有尊卑
境由心造	乐不忘忧
业无贵贱	待人宜诚
甜以思苦	事在人为

3　读一读。

解缙是明朝大臣，自小聪颖，又勤奋好学，小小年纪就熟读“四书”、“五经”。有一年除夕，十岁出头的解缙，即景生情，挥毫写了一副春联：“日望赣江千里帆，夜观庐陵万盏灯。”这副春联，引来了四邻观看，众人称赞不已。

4　背一背。

寒食寄京师诸弟

［唐］韦应物

雨中禁火空斋冷，江上流莺独坐听。

把酒看花想诸弟，杜陵寒食草青青。

国学点睛

什么是风俗画？

风俗画是以日常生活为题材，表现社会风俗习惯及农民劳动生活的一种绘画形式，最早可以追溯到汉代，而真正意义上的风俗画出现于唐代。

shí zhēng

十 蒸

经典原文

píng duì liǎo jiǎo duì líng yàn yì duì yú zēng qí
萍对蓼，茭对菱，雁弋对鱼罾。齐
wán duì lǔ qǐ shǔ jǐn duì wú líng xīng jiàn mò rì chū
纨对鲁绮，蜀锦对吴绫。星渐没，日初
shēng jiǔ pìn duì sān zhēng xiāo hé céng zuò lì jiǎ dǎo
升，九聘对三征。萧何曾作吏，贾岛
xī wéi sēng xián rén shì lǚ xún guī jǔ dà jiàng huī jīn
昔为僧。贤人视履循规矩，大匠挥斤
jiào zhǔn shéng yě dù chūn fēng rén xǐ chéng cháo yí jiǔ
校准绳。野渡春风，人喜乘潮移酒
fǎng jiāng tiān mù yǔ kè chóu gé àn duì yú dēng
舫；江天暮雨，客愁隔岸对渔灯。

经典注释

弋：一种尾上带绳子的箭。 **罾**：一种用竹竿或木棍做的方形渔网。 **九聘**：多次聘请。 **三征**：朝廷三次征召。 **大匠**：技术高超的匠人。 **酒舫**：载酒或卖酒的船。

经典原文

tán duì tǔ wèi duì chēng rǎn mǐn duì yán zēng hóu
谈对吐，谓对称，冉闵对颜曾。侯

yíng duì bó pǐ zǔ tì duì sūn dēng pāo bái zhù yàn hóng

嬴对伯嚭，祖逖对孙登。抛白纻，宴红

líng shèng yǒu duì liáng péng zhēng míng rú zhú lù móu lì

绫，胜友对良朋。争名如逐鹿，谋利

sì qū yíng rén jié yí cán zhōu bú shì wáng líng mǔ shí

似趋蝇。仁杰姨惭周不仕，王陵母识

hàn fāng xīng jù xiě qióng chóu huàn huā jì jì chuán gōng

汉方兴。句写穷愁，浣花寄迹传工

bù shī yín biàn luàn níng bì shāng xīn tàn yòu chéng

部；诗吟变乱，凝碧伤心叹右丞。

经典注释

冉闵颜曾：即冉有、闵子骞、颜渊、曾参，都是孔子的弟子。 **白纻**：白苎麻织成的衣服。 **仁杰**：指唐代大臣狄仁杰。

经典故事

王陵母识汉方兴

在秦末楚汉相争的时候，王陵是刘邦的将军。项羽抓住了王陵的母亲，想让她招降王陵。正好有刘邦的使者来，王陵的母亲就对使者说，回去告诉王陵，要好好辅佐刘邦，然后就自杀了。后来，刘邦战胜项羽，开创了汉

朝基业。“王陵母识汉方兴”意思就是：王陵的母亲在汉朝刚刚兴起时，就知道拥有更多道义的汉将会取得天下。

经典拓展

1　对一对。

蜀锦对(　　　)　　(　　　)对良朋

争名对(　　　)　　(　　　)对三征

2　连一连。

曲中传妙理　　天地大舞台

舞台小天地　　须读五车书

欲知千古事　　开坛十里香

隔壁千家醉　　弦外得幽情

3　背一背。

子夜吴歌·秋歌

［唐］李　白

长安一片月，万户捣衣声。
秋风吹不尽，总是玉关情。
何日平胡虏，良人罢远征？

国学点睛

什么样的画被叫做院体画？

院体画一般指宋代翰林图画院及其后宫廷画家绘制的作品，后泛指受宫廷画风影响的绘画作品。

十一　尤

shí yī　yóu

经典原文

róng duì rǔ　xǐ duì yōu　qiǎn quǎn duì chóu móu　wú wá duì yuè nǚ　yě mǎ duì shā ōu　chá jiě kě　jiǔ xiāo chóu　bái yǎn duì cāng tóu　mǎ qiān xiū shǐ jì　kǒng zǐ zuò chūn qiū　shēn yě gēng fū xián jǔ sì　wèi bīn yú fū wǎn chuí gōu　lóng mǎ yóu hé　xī dì yīn tú ér huà guà　shén guī chū luò　yǔ wáng qǔ fǎ yǐ míng chóu

荣对辱，喜对忧，缱绻对绸缪。吴娃对越女，野马对沙鸥。茶解渴，酒消愁，白眼对苍头。马迁修《史记》，孔子作《春秋》。莘野耕夫闲举耜，渭滨渔夫晚垂钩。龙马游河，羲帝因图而画卦；神龟出洛，禹王取法以明畴。

经典注释

缱绻：情意缠绵不忍分离的样子。　**绸缪**：亲密、缠绵。**耜**：翻土所用的农具。　**渭滨渔父**：指商代末年的姜尚。

经典原文

guān duì lǚ　xì duì qiú　yuàn xiǎo duì tíng yōu　miàn qiáng duì xī dì　cuò zhì duì liáng chóu　gū zhàng sǒng

冠对履，舄对裘，院小对庭幽。面墙对膝地，错智对良筹。孤嶂耸，

dà jiāng liú fāng zé duì yuán qiū huā tán lái yuè chàng
大江流，芳泽对圆丘。花潭来越唱，
liǔ yǔ qǐ wú ōu yīng lǎn yàn máng sān yuè yǔ qióng cuī
柳屿起吴讴。莺懒燕忙三月雨，蛩摧
chán tuì yì tiān qiū zhōng zǐ tīng qín huāng jìng rù lín
蝉退一天秋。钟子听琴，荒径入林
shān jì jì zhé xiān zhuō yuè hóng tāo jiē àn shuǐ yōu yōu
山寂寂；谪仙捉月，洪涛接岸水悠悠。

经典注释

舄：鞋子。 **错智**：汉代晁错很有智慧，人称智囊。 **良筹**：西汉刘邦的重要谋臣张良。 **圆丘**：是古代天子祭祀天神的地方。 **吴讴**：吴地的民歌。 **谪仙**：指李白。

经典原文

yú duì niǎo jí duì jiū cuì guǎn duì hóng lóu qī
鱼对鸟，鹡对鸠，翠馆对红楼。七
xián duì sān yǒu ài rì duì bēi qiū hǔ lèi gǒu yǐ rú
贤对三友，爱日对悲秋。虎类狗，蚁如
niú liè bì duì zhū hóu chén chàng lín chūn yuè suí gē
牛，列辟对诸侯。陈唱临春乐，隋歌
qīng yè yóu kōng zhōng shì yè qí lín gé dì xià wén
清夜游。空中事业麒麟阁，地下文
zhāng yīng wǔ zhōu kuàng yě píng yuán liè shì mǎ tí qīng
章鹦鹉洲。旷野平原，猎士马蹄轻
sì jiàn xié fēng xì yǔ mù tóng niú bèi wěn rú zhōu
似箭；斜风细雨，牧童牛背稳如舟。

经典注释

爱日：暖和的阳光。　**辟**：君王。列辟即诸王侯。

经典故事

知　音

春秋时期，琴师伯牙有一次乘船到蓬莱岛上游览。面对清风明月，他思绪万千，于是又弹起琴来，琴声悠扬，渐入佳境。

伯牙弹起赞美高山的曲调，这时，岸边有个樵夫说道："真好！雄伟而庄重，好像高耸入云的泰山一样！"当他弹奏表现奔腾澎湃的波涛时，樵夫又说："真好啊！宽广浩荡，好像看见滚滚的流水、无边的大海一般！"伯牙兴奋极了，激动地对樵夫说："知音！你真是我的知音啊！"

这个樵夫就是钟子期。后来，钟子期不幸去世，伯牙便把琴摔坏，从此不再弹琴了。

经典拓展

1　对一对。

野马对(　　　)　　院小对(　　　)

错智对(　　　)　　七贤对(　　　)

2　连一连。

郁郁佳气　　　　绿柳依依

黄沙滚滚　　　　泱泱大风

红桃灼灼　　　　袅袅鹅黄

粼粼鸭绿　　　　白浪滔滔

3　读一读。

江南一所私塾里，先生讲得起劲，学生却昏昏入睡，先生敲醒了坐在前排的一位学生，教训他说：“眼皮堕地，难观孔子之书。”那位学生揉揉眼睛，随口应答：“呵欠连天，要做周公之梦。”你能说出这副对联用到了什么修辞手法吗？

4　背一背。

题临安邸

［宋］林　升

山外青山楼外楼，西湖歌舞几时休！

暖风熏得游人醉，直把杭州作汴州。

国学点睛

什么是绣像？

绣像本指用彩色丝线绣成的佛像或人像。明清时期将通俗小说中卷首的人物图画像或故事情节插图也称为“绣像”。

shí èr qīn

十二 侵

经典原文

gē duì qǔ xiào duì yín wǎng gǔ duì lái jīn shān
歌对曲，啸对吟，往古对来今。山
tóu duì shuǐ miàn yuǎn pǔ duì yáo cén qín sān shàng xī cùn
头对水面，远浦对遥岑。勤三上，惜寸
yīn mào shù duì píng lín biàn hé sān xiàn bǎo yáng zhèn sì
阴，茂树对平林。卞和三献宝，杨震四
zhī jīn qīng huáng fēng nuǎn cuī fāng cǎo bái dì chéng gāo jí
知金。青皇风暖催芳草，白帝城高急
mù zhēn xiù hǔ diāo lóng cái zǐ chuāng qián huī cǎi bǐ miáo
暮砧。绣虎雕龙，才子窗前挥彩笔；描
luán cì fèng jiā rén lián xià dù jīn zhēn
鸾刺凤，佳人帘下度金针。

经典注释

三上：即枕上、途上、厕上。 杨震：东汉官员。 四知：即天知、神知、我知、你知。后多用为廉洁自持。 砧：捣衣石，这里指砧杵之声。 绣虎：曹植七步成诗，人称绣虎。比喻擅长诗文的人。 雕龙：比喻善于修饰文辞。

经典原文

dēng duì tiào shè duì lín ruì xuě duì gān lín zhǔ
登对眺，涉对临，瑞雪对甘霖。主

huān duì mín lè jiāo qiǎn duì yán shēn chǐ sān zhàn lè qī
欢对民乐，交浅对言深。耻三战，乐七
qín gù qǔ duì zhī yīn dà chē xíng jiàn jiàn sì mǎ zhòu
擒，顾曲对知音。大车行槛槛，驷马骤
qīn qīn zǐ diàn qīng hóng téng jiàn qì gāo shān liú shuǐ shí
骎骎。紫电青虹腾剑气，高山流水识
qín xīn qū zǐ huái jūn jí pǔ yín fēng bēi zé pàn wáng
琴心。屈子怀君，极浦吟风悲泽畔；王
láng yì yǒu piān zhōu wò xuě fǎng shān yīn
郎忆友，扁舟卧雪访山阴。

经典注释

言深：是指讲了至关重要的意见。交浅言深，指言谈有失分寸。 三战：传说春秋时鲁国将军曹沫，曾三次兵败于齐。七擒：诸葛亮征南方，七次生擒酋长孟获，七次释放，使之心悦诚服，最后归顺。 槛槛：车声。 驷马：上古时一车四马，叫驷马。 骎骎：马跑得很快的样子。 紫电青虹：形容宝剑的光华。 琴心：琴曲的内容、主题。 极浦：远方的水滨。

经典故事

诸葛亮七擒孟获

三国时期，蜀国管理着今天的云南中部地区。当地有一些少数民族的首领对蜀国不服气，时常起来造反。孟获就是其中之一。

刘备病逝后，诸葛亮为

完成刘备的嘱托，辅佐他的儿子刘禅登上皇位。为了整个蜀国的安定，诸葛亮决定出征南方。开始时，诸葛亮抓住了当地首领孟获，但孟获并不服气，诸葛亮就放了他，再出奇制胜地抓住了他。就这样，抓了放，放了抓，连续七次，终于让这位桀骜不驯的首领心悦诚服地归顺了蜀国。

经典拓展

1 对一对。

往古对（　　　）　　交浅对（　　　）

瑞雪对（　　　）　　顾曲对（　　　）

2 填一填。

（1）碧天连水，水连天，水天一色；明月伴星，星伴月，__________。

（2）桑养蚕，蚕结茧，茧抽丝，丝织锦绣；草藏兔，兔生毫，毫扎笔，__________。

3 背一背。

赠韦穆

［唐］王　维

与君青眼客，共有白云心。
不向东山去，日令春草深。

国学点睛

何谓白描？

白描是中国画创作中用不同粗细、长短、转折的墨线勾描物象且不着颜色的一种技法。白描具有朴素简洁、概括明确的特点，在用笔上讲究张弛、节奏变化。

十三 覃

经典原文

宫对阙，座对龛，水北对天南。蜃楼对蚁郡，伟论对高谈。遴杞梓，树楩楠，得一对函三。八宝珊瑚枕，双珠玳瑁簪。萧王待士心惟赤，卢相欺君面独蓝。贾岛诗狂，手拟敲门行处想；张颠草圣，头能濡墨写时酣。

经典注释

龛：供奉神、佛像或祖先牌位的石室或橱柜。 **杞梓**：两种木质优良的树，古人用来比喻优秀人才。 **树楩楠**：树，种植。楩、楠是两种木质优良的树。树楩楠，比喻培养人才。**萧王**：汉光武帝刘秀，曾被立为萧王。 **卢相**：唐代奸相卢杞，人称蓝面鬼。 **张颠**：指唐代书法家张旭。

经典原文

wén duì jiàn jiě duì ān sān jú duì shuāng gān huáng
闻对见，解对谙，三橘对双柑。黄
tóng duì bái sǒu jìng nǚ duì qí nán qiū qī qī jìng sān
童对白叟，静女对奇男。秋七七，径三
sān hǎi sè duì shān lán luán shēng hé huì huì hǔ shì zhèng
三，海色对山岚。鸾声何哕哕，虎视正
dān dān yí fēng jiāng lì zhī ní fǔ hán gǔ guān rén shí lǎo
眈眈。仪封疆吏知尼父，函谷关人识老
dān jiāng xiàng guī chí zhǐ shuǐ zì méng zhēn shì zhǐ wú gōng
聃。江相归池，止水自盟真是止；吴公
zuò zǎi tān quán suī yǐn yì hé tān
作宰，贪泉虽饮亦何贪。

经典注释

谙：了解，熟悉。 **静女**：指仪态端庄的少女。 **七七**：唐代道人，姓殷，自称七七，据说他能在秋天使杜鹃花开。 **径三三**：宋代杨万里在花园中开辟九径，分别种植不同的花木，成为三三径。 **山岚**：山中的雾气。 **哕哕**：有节奏的铃声。 **眈眈**：注视的样子。 **封疆吏**：守卫边疆的官员。 **尼父**：孔子字仲尼，所以称尼父。 **聃**：老子又名李聃。

经典故事

紫气东来

春秋时期思想家、道家创始人老子，姓李名耳，字伯阳，也称老聃。

传说他在周朝住了很久，认为周朝不行了，就要离开。

函谷关的关令尹喜看到有紫气从东边而来，知道要有圣人从这儿过了。不久，果然看到老子骑着青牛来过关。尹喜便要老子给他写本书再离开。于是老子就写成了《道德经》，又称《老子》。

经典拓展

1　对一对。

水北对（　　　　）　　伟论对（　　　　）

海色对（　　　　）　　黄童对（　　　　）

2　填一填。

（1）柴重人轻轻担重，路长脚短________。

（2）北雁南飞，双翅东____分上____；____车后辙，两轮____右走____低。

3　读一读。

扬州二十四桥联

［清］江峰青

胜地据淮南，看云影当空，与水平分秋一色；

扁舟过桥下，闻箫声何处，有人吹到月三更。

4　背一背。

望喜驿别嘉陵江水二绝（其二）

［唐］李商隐

千里嘉陵江水色，含烟带月碧于蓝。

今朝相送东流后，犹自驱车更向南。

shí sì yán

十四 盐

经典原文

kuān duì měng lěng duì yán qīng zhí duì zūn yán
宽对猛，冷对炎，清直对尊严。
yún tóu duì yǔ jiǎo hè fà duì lóng rán fěng tái jiàn sù
云头对雨脚，鹤发对龙髯。风台谏，肃
táng lián bǎo tài duì míng qiān wǔ hú guī fàn lǐ sān
堂廉，保泰对鸣谦。五湖归范蠡，三
jìng yǐn táo qián yí jiàn chéng gōng kān pèi yìn bǎi qián mǎn
径隐陶潜。一剑成功堪佩印，百钱满
guà biàn chuí lián zhuó jiǔ tíng bēi róng wǒ bàn hān chóu jì
卦便垂帘。浊酒停杯，容我半酣愁际
yǐn hǎo huā bàng zuò kàn tā wēi xiào wù shí niān
饮；好花傍座，看他微笑悟时拈。

经典注释

宽：指仁厚。 **猛**：指严厉。 **鹤发**：是说人发白如鹤羽，指老人。 **龙髯**：龙的胡须。 **风**：同“讽”，讽谏。 **肃堂**：官署。 **保泰**：意为保持安康。 **鸣谦**：意思是以谦和的品德为人所知。

经典原文

lián duì duàn jiǎn duì tiān dàn bó duì ān tián huí
连对断，减对添，淡泊对安恬。回

tóu duì jí mù shuǐ dǐ duì shān jiān yāo niǎo niǎo shǒu
头对极目，水底对山尖。腰袅袅，手

xiān xiān fèng bǔ duì luán zhān kāi tián duō zhòng sù zhǔ
纤纤，凤卜对鸾占。开田多种粟，煮

hǎi jìn chéng yán jū tóng jiǔ shì zhāng gōng yì ēn jǐ
海尽成盐。居同九世张公艺，恩给

qiān rén fàn zhòng yān xiāo nòng fèng lái qín nǚ yǒu yuán
千人范仲淹。箫弄凤来，秦女有缘

néng kuà yǔ dǐng chéng lóng qù xuān chén wú jì dé
能跨羽；鼎成龙去，轩臣无计得

pān rán
攀髯。

经典注释

手纤纤：形容手指细而长。 **煮海为盐**：煮海水为盐，相传此法始于黄帝之臣夙沙氏。 **张公**：唐代人，九世同堂而居。 **攀髯**：传说轩辕皇帝鼎铸成后，龙从天而降，骑之上升。他的大臣攀龙髯欲随之升天，却没有成功。

经典原文

rén duì jǐ ài duì xián jǔ zhǐ duì guān zhān sì
人对己，爱对嫌，举止对观瞻。四

zhī duì sān yǔ yì zhèng duì cí yán qín xuě àn kè fēng
知对三语，义正对辞严。勤雪案，课风

yán lòu jiàn duì shū jiān wén fán guī tǎ jì tǐ yàn bié
檐，漏箭对书笺。文繁归獭祭，体艳别

xiāng lián zuó yè tí méi gēng yí zì zǎo chūn lái yàn juǎn
香奁。昨夜题梅更一字，早春来燕卷

chóng lián　shī yǐ shǐ míng　chóu lǐ bēi gē huái dù fǔ　bǐ
重帘。诗以史名，愁里悲歌怀杜甫；笔
jīng rén suǒ　mèng zhōng xiǎn huì lǎo jiāng yān
经人索，梦中显晦老江淹。

经典注释

勤雪案、课风檐：形容读书条件很艰苦。　**獭祭**：獭喜吃鱼，常将所捕的鱼井然有序地陈列岸边，如同陈列祭祀的供品，遂称为獭祭鱼。　**香奁**：本指妇女梳妆用的匣子，后指唐代人韩偓（wò）等所写的艳体诗。

经典链接

拈花微笑：出自佛典，包含两层意思：一是对禅理有了透彻的理解；二是彼此默契、心神领会、心意相通、心心相印。

经典故事

一字之师

唐朝诗人齐己，在雪后，看到傲雪开放的梅花，诗兴大发，创作了一首《早梅》诗，其中有两句为："前村深雪里，昨夜数枝开。"

有一个叫郑谷的人，看到这首诗后，认为这首诗的意味未尽。于是，他经过反复推敲，将这两句诗改为："前村深雪里，

昨夜一枝开。”因为他认为既然数枝梅花都开了，就不能算早梅了。

齐己对郑谷的这一改动非常佩服，当即称郑谷为自己的“一字师”。

经典拓展

1 对一对。

云头对（　　）　　水底对（　　）

清直对（　　）　　义正对（　　）

2 连一连。

雪中送炭　　披星戴月

腾云驾雾　　锦上添花

磨穿铁砚　　愚公移山

精卫填海　　打破砂锅

3 读一读。

一次，明太祖朱元璋与大臣刘基下棋，朱元璋吟了上联，示意刘基应对。联文是：“天作棋盘星作子，日月争光。”刘基脱口答道：“雷为战鼓电为旗，风云际会。”

4 背一背。

绝句六首之五

［唐］杜　甫

舍下笋穿壁，庭中藤刺檐。
地晴丝冉冉，江白草纤纤。

国学点睛

何谓“勾勒”？

勾勒也称“钩勒”，即绘画时用线条勾描出物象的轮廓，是中国画技法之一。在具体的用笔上，一般将顺势的用笔称为“勾”，逆势的用笔称为“勒”。

shí wǔ xián

十五 咸

经典原文

zāi duì zhí tì duì shān èr bó duì sān jiān cháo
栽对植，薙对芟，二伯对三监。朝
chén duì guó lǎo zhí shì duì guān xián lù yǔ yǔ tù chán
臣对国老，职事对官衔。鹿麌麌，兔毚
chán qǐ dú duì kāi jiān lù yáng yīng xiàn huàn hóng xìng yàn
毚，启牍对开缄。绿杨莺晛睆，红杏燕
ní nán bàn lí bái jiǔ yú táo lìng yì zhěn huáng liáng dù
呢喃。半篱白酒娱陶令，一枕黄粱度
lǚ yán jiǔ xià yán biāo cháng rì fēng tíng liú kè qí sān
吕岩。九夏炎飙，长日风亭留客骑；三
dōng hán liè màn tiān xuě làng zhù zhēng fān
冬寒冽，漫天雪浪驻征帆。

经典注释

薙、芟：都是拔除、铲除野草的意思。 **朝臣**：在朝的大臣。 **国老**：退休的大臣。 **官衔**：一个官员的官位品级。 **麌麌**：群聚的样子。 **兔毚毚**：狡猾的兔子。 **牍**：古代用以书写文字的木片或书信。 **晛睆**：明亮美好的样子。 **呢喃**：形容燕子的叫声。 **陶令**：指晋代诗人陶渊明。 **吕岩**：传说中八仙里的吕洞宾。 **九夏**：指夏天最为炎热的九十天。 **飙**：狂风。 **三冬**：冬天最为寒冷的日子。

经典原文

wú duì qǐ bǎi duì shān xià hù duì sháo

梧对杞，柏对杉，《夏》《濩》对《韶》

xián jiàn chán duì zhēn wěi gǒng luò duì xiáo hán cáng shū

《咸》。涧瀍对溱洧，巩洛对崤函。藏书

dòng bì zhào yán tuō sú duì chāo fán xián rén xiū xiàn mèi

洞，避诏岩，脱俗对超凡。贤人羞献媚，

zhèng shì jí gōng chán bà yuè móu chén tuī shào bó zuǒ táng fān

正士嫉工谗。霸越谋臣推少伯，佐唐藩

jiàng zhòng hún jiān yè xià kuáng shēng jié gǔ sān zhuā xiū jǐn

将重浑瑊。邺下狂生，羯鼓三挝羞锦

ǎo jiāng zhōu sī mǎ pí pá yì qǔ shī qīng shān

袄；江州司马，琵琶一曲湿青衫。

经典注释

《咸》：即《大咸》，相传为尧乐。 **涧、瀍、溱、洧**：古代四条河流。 **巩洛**：巩，古地名，洛水流经其旁。 **崤**：崤山，其西有函谷关，故称崤函。 **少伯**：越国大夫范蠡的字。 **浑瑊**：唐王朝著名少数民族的将领，曾经参与平定“安史之乱”。 **狂生**：指祢衡。 **羯鼓**：乐器名。源自西域，状似小鼓，两面蒙皮，均可击打。 **锦袄**：指曹操。 **江州司马**：指唐代诗人白居易。

经典原文

páo duì hù lǚ duì shān pǐ mǎ duì gū fān zhuó

袍对笏，履对衫，匹马对孤帆。琢

mó duì diāo lòu kè huà duì juān chán xīng běi gǒng rì

磨对雕镂，刻划对镌镵。星北拱，日

西衔，卮漏对鼎馋。江边生桂若，海外树都咸。但得恢恢存利刃，何须咄咄达空函。彩凤知音，乐典后夔须九奏；金人守口，圣如尼父亦三缄。

经典注释

笏：古代大臣朝见君主时所执的手板，用玉、象牙或竹制成。 镌镵：都是刻削的意思。 星北拱：星指北极星，拱是拱托、环绕的意思。 卮漏：古代一种盛酒器。古语有“川源而不能实漏卮”，意思是漏洞虽小，如不堵塞则后患无穷。 鼎馋：孔子的祖先正考父为宋大夫，其家有鼎名馋鼎。 桂若：桂，桂树。若，杜若，香草名。 都咸：传说中生于海外的神木。 恢恢：宽绰的样子。 咄咄：叹词，表示惊讶或感叹。 后夔：即夔，传说是舜的乐官，他奏乐时，百兽起舞，凤凰也飞来。 三缄：封闭多层，这里指说话谨慎，不多开口。

经典链接

对仗押韵：由于中国汉字都是独立的，每个字都有字形、读音和字义，于是人们写作诗文和作对联时，为了让语言更美，喜欢用汉字玩“派对”游戏。古人把这叫“对仗”或“对偶”，俗称“对对子”。“押韵”是指在诗词歌赋中，某些句子的末一字用韵母相同或相近的字，使音调和谐优美。现在你一定知道书名中“对韵”的意思了吧！

经典故事

一枕黄粱

这个故事出自唐代传奇小说《枕中记》。

小说里，热衷功名的卢生在邯郸道上的一家旅店遇到了吕翁（即吕洞宾）。卢生头枕吕翁给他的青瓷枕睡觉，做了一个梦。梦中，卢生娶了有权有势的妻子，又中了进士，出将入相，享尽了人间的荣华富贵，人生似乎经过了很多年。

醒来后，卢生才知道是大梦一场，而店主人在卢生入睡前就开始蒸的黄粱饭还没有熟呢。

经典拓展

1　对一对。

朝臣对（　　　）　　启牍对（　　　）

绿杨对（　　　）　　琢磨对（　　　）

脱俗对（　　　）　　匹马对（　　　）

2　连一连。

红花映喜报　　　红梅报早春

春风添画意　　　绿水织春光

门外山河美　　　岁月赋诗情

翠竹添新笋　　　塘前草木新

3　读一读。

一九五三年，钱三强率科学考察团出访，团员有华罗庚、赵九章等人。途中闲暇无事，少不得谈今论古。这时华罗庚即景生情，想出一个上联：“三强韩魏赵。”“三强”说的是战国时期韩、魏、赵三个强国，却又隐喻代表团团长钱三强的名字。华老上联一出，大家都感觉难以对出下联。隔了一阵，只见华老不慌不忙地吟出了下联：“九章勾股弦。”“九章”代指我国古代著名的数学著作《九章算术》，同时，又是物理学家赵九章的名字。对得如此之妙，使满座为之倾倒！

4　背一背。

隋　宫

［唐］李商隐

乘兴南游不戒严，九重谁省谏书函。
春风举国裁宫锦，半作障泥半作帆。

国学点睛

“书法”与“法书”有什么不同？

中国书法不是单纯的写字，而是表现书写者的精神、气质、学识和修养，包括三个要素：笔法、笔势、笔意。法书指的是取法借鉴与楷模的书法佳作。